性别身份认同与个体行为的影响分析

XINGBIE SHENFEN RENTONG
YU GETI XINGWEI DE YINGXIANG FENXI

刘杰 著

中国财经出版传媒集团
中国财政经济出版社

图书在版编目（CIP）数据

性别身份认同与个体行为的影响分析／刘杰著．--北京：中国财政经济出版社，2022.10
ISBN 978-7-5223-1690-1

Ⅰ．①性…　Ⅱ．①刘…　Ⅲ．①性别差异－影响－个人行为－研究　Ⅳ．①B844②C912.68

中国版本图书馆 CIP 数据核字（2022）第 178797 号

责任编辑：郭爱春　　　　责任印制：张　健
封面设计：卜建辰　　　　责任校对：徐艳丽

性别身份认同与个体行为的影响分析
XINGBIE SHENFEN RENTONG YU GETI XINGWEI DE YINGXIANG FENXI

中国财政经济出版社 出版

URL：http：//www.cfeph.cn
E－mail：cfeph@cfeph.cn

社址：北京市海淀区阜成路甲 28 号　邮政编码：100142
营销中心电话：010－88191522
天猫网店：中国财政经济出版社旗舰店
网址：https：//zgczjjcbs.tmall.com
北京富生印刷厂印刷　各地新华书店经销
成品尺寸：170mm×240mm　16 开　8.75 印张　143 000 字
2022 年 11 月第 1 版　2022 年 11 月北京第 1 次印刷
定价：39.00 元
ISBN 978－7－5223－1690－1
（图书出现印装问题，本社负责调换，电话：010－88190548）
本社质量投诉电话：010－88190744
打击盗版举报热线：010－88191661　QQ：2242791300

前言

QIANYAN

身份认同是指个体对自我的一种认知，它涉及不同的社会分类及这些分类中的个体应该如何行事，因此身份认同可能会对个体的行为造成影响。“男主外、女主内”是中国传统的性别分工模式，调查数据显示：这种分工模式在当前得到一半以上的中国人认同。Akerlof和Kranton（2000）认为，身份认同会影响个体的行为。那么，“男主外、女主内”性别身份认同会对个体的行为造成怎样的影响呢？

“男主外、女主内”的分工模式要求丈夫挣得更多，这会对已婚女性的收入造成什么样的影响？本书第三章使用McCrary（2008）方法发现，双收入家庭中妻子收入占比的分布在50%处出现明显的断裂，进一步的研究发现，收入占比略低于50%的女性群体的教育回报率显著低于收入占比略高于50%的群体，这说明存在妻子故意减少自己工资的行为。无论是单一决策模型（Unitary Model）还是集体决策模型（Collective Model），妻子都不会故意减少自己的工资，因此都无法解释这一现象。而性别身份认同恰好提供了一个可能的解释。在“男主外、女主内”的身份认同模式下，妻子的主要任务是照顾家庭，当收入可能超过丈夫时，她们会做出调整，可能会选择一个工资较低的工作，把重心放在家庭上，从而避免这一现象发生。

本书第四章我们进一步考察性别身份认同对已婚女性的劳动供给以及工资的影响。我们使用2005年1%抽样调查的数据实证发现：妻子工资超过丈夫的概率越大，她们工资低于潜在工资的概率越大，而且她们工作的概率越小。我们还使用了中国家庭追踪调查2014年数据、实证发现：女性越认同“男主外、女主内”的传统性别分工模式，工资越低，并且参与工作的概率也更低。这一发现为我们理解妇女劳动供给和性别工资差异提供了一个新的视角。

第五章从性别身份认同的角度研究“剩女”现象。中国当前婚姻市场的一大特征是高学历、高收入的“剩女”越来越多。我们使用2005年1%人口普查的数据实证研究发现：女性受教育程度越高，工资超过男性的概率越大，与传统的“男主外、女主内”的性别分工模式冲突的可能性也越大，从而结婚的概率也越低。而越来越多的女性接受过高等教育，导致“剩女”越来越多。我们使用中国家庭追踪调查2014年的数据进行了进一步验证，结果表明：女性的受教育程度越高，她们对传统的性别分工的认同度越低；对传统性别观念认同程度越低，个体结婚的概率越小。

第六章分析了性别身份认同对婚姻满意度的影响。我们使用中国家庭追踪调查2014年的数据发现，女性的收入占夫妻总收入的比例越大，婚姻满意度越低，我们使用中国综合社会调查2006年的数据进行的稳健性检验也得到类似的结论。“男主外、女主内”的分工模式要求男性挣得更多，当家庭中妻子的收入占比较大，甚至超过丈夫时，会给夫妻双方带来很大的压力，从而降低婚姻满意度。本书的发现为解释第三章的发现提供了一个新的视角；部分女性为了更高的婚姻质量选择放弃部分收入。

第七章使用2014年中国家庭追踪调查数据分析了性别身份认同对家务劳动时间进而对夫妻主观幸福感的影响。我们发现：对妻子而言，性别身份认同观念越传统，家务时间越长，但对丈夫的家务时间却并无显著影响。我们认为，对男性而言，即便他们不认同传统的性别身份认同，想做更多的家务，迫于世俗的眼光，也不会多做。进一步的研究发现，家务劳动时间丈夫的主观幸福感无显著影响，而对妻子的主观幸福感有负向影响。中介作用的检验表明：家务时间通过影响对配偶的家务满意程度影响主观幸福感。传统性别分工中，家务是女性任务，对女性而言，不想做也得做，但是过多的家务却会降低主观幸福感。而那些家务较多的男性，多半是出于自愿，因此对他们主观幸福感并无影响。

本书为理解文章所研究的问题提供了新的视角，同时也为“身份认同”影响个体行为提供新的证据。

目录

MULU

第一章 引言 …… 1

第一节 问题的提出 …… 1

第二节 本书的框架 …… 3

第三节 研究数据、方法及可能的贡献 …… 5

第二章 文献综述 …… 8

第一节 身份认同的相关文献回顾 …… 8

第二节 性别工资差异研究综述 …… 9

第三节 女性劳动供给的相关研究 …… 13

第四节 婚姻匹配及中国婚姻现象的研究综述 …… 17

第五节 婚姻满意度的研究综述 …… 20

第六节 主观幸福感研究综述 …… 22

第三章 性别身份认同与已婚女性收入占比 …… 26

第一节 引言 …… 26

第二节 女性收入占比的检验 …… 28

第三节 进一步论证 …… 38

第四节 本章小结 …… 40

第四章 性别身份认同对已婚女性劳动供给与工资的影响 …… 42

第一节 引言 …… 42

第二节　数据介绍 …………………………………………………… 44
第三节　计量模型及结果 ……………………………………………… 45
第四节　进一步探讨 …………………………………………………… 52
第五节　本章小结 ……………………………………………………… 56

第五章　性别身份认同与“剩女”现象 …………………………………… 58

第一节　引言 …………………………………………………………… 58
第二节　中国婚姻市场的特点 ………………………………………… 60
第三节　数据介绍及概率测算 ………………………………………… 64
第四节　实证研究：教育、收入与婚姻 ……………………………… 67
第五节　进一步论证 …………………………………………………… 73
第六节　本章小结 ……………………………………………………… 75

第六章　性别身份认同、妻子收入与婚姻满意度 ……………………… 77

第一节　引言 …………………………………………………………… 77
第二节　数据介绍与计量结果 ………………………………………… 79
第三节　稳健性检验 …………………………………………………… 84
第四节　本章小结 ……………………………………………………… 87

第七章　性别身份认同、家务劳动与主观幸福感 ……………………… 88

第一节　引言 …………………………………………………………… 88
第二节　数据介绍 ……………………………………………………… 90
第三节　性别身份认同对家务的影响 ………………………………… 92
第四节　家务劳动对主观幸福感的影响 ……………………………… 96
第五节　本章小结 ……………………………………………………… 99

第八章　总结 …………………………………………………………… 101

参考文献 ……………………………………………………………… 104

附录 …… 118

A. 性别身份认同与已婚女性收入占比 …… 118

B. 性别身份认同与“剩女”现象 …… 123

C. 性别身份认同、妻子收入与婚姻满意度 …… 125

D. 性别身份认同、家务劳动与主观幸福感 …… 128

致谢 …… 131

第一章 引 言

第一节 问题的提出

“身份认同”一词来源于英文“identity”，除了“身份认同”外，“identity”还可以被解释成“相同”。Jekins[①]（2008）认为，“身份认同”包含了“相似”与“不同”两层内涵，是个体追求与他人相似或者不同的过程。Deaux 认为，身份认同是个体对所归属的群体的认知[②]，它是一种归属感，是个体与某类人的共同点以及和其他人的区别。它是个体关于自我的一种自我意识。李晓光（2006）则认为，身份认同既包括个体在社会生活中的角色定位，也有自我认同和他人对自己的认可。在本书中，身份认同是指个体对一个或多个特定的社会类别的归属感。

性别身份认同则是建立在性别基础上的身份认同。如本书探讨的“男主外、女主内”就是一种典型的性别身份认同，这一身份认同要求丈夫挣更多的钱，妻子做更多的家务，如果一个家庭出现了妻子挣得比丈夫多或者丈夫的家务超过妻子，就违背了这个性别身份认同。

传统上，身份认同的研究属于心理学的范畴。Akerlof 和 Kranton（2000）认为，身份认同影响个体行为的作用机制如下：如果个体行为偏离所属社会类别的期望，效用会减少。

---

① Jenkins, R., 2008, “Social Identity”, Vol (10), Routledge.

② Deaux K., 1993, “Reconstructing social identity.”, *Personality & Social Psychology Bulletin*, 19 (1): 4-12.

虽然已经是21世纪，但是传统的“男主外、女主内”的性别分工模式仍然有很高的认同度，2010年第三期中国妇女社会地位调查结果显示：54.8%的女性和61.6%的男性支持“男人应该以社会为主，女人应该以家庭为主”的观点。2014年中国家庭追踪调查（CFPS）数据显示：63%的男性和59.8%的女性认同“男人以事业为主，女人以家庭为主”的男女分工方式。Akerlof和Kranton（2000）认为，身份认同会影响个体的行为，那么“男主外、女主内”的性别身份认同又会对个体行为造成怎样的影响？

女性的婚姻、就业与生活质量不仅事关女性切身福利，同时也是衡量社会文明进步的标杆，近年来学术界对女性问题的关注也越来越多。本书拟从性别身份认同的角度对这些问题展开讨论研究，进一步深化我们对女性问题的认识。

本书首先研究身份认同对已婚女性的工资、就业行为的影响。传统的身份认同要求丈夫赚钱，妻子照顾家庭，如果妻子的工资超过丈夫则与传统的性别身份认同不符。在传统性别身份认同仍然普遍的社会背景下，是否会出现女性有意避免自己的工资超过配偶的现象？如果妻子的工资超过丈夫的概率较大，她们会做出什么样的反应，是否会选择低工资的工作以避免工资超过丈夫，甚至干脆不工作？这都是本书试图回答的问题。

其次，现阶段，我国适龄男女青年结婚率不断下降，特别值得我们关注的是优秀的大龄未婚女青年越来越多。婚姻虽然是个体的选择，但是如果有大量的适龄人群没有结婚，可能会带来许多社会和经济问题，甚至可能影响国家的竞争力。学术界对这一现象也有较多的研究，我们试图从性别身份认同的角度来解释这一现象。一方面，是传统的性别身份认同得到多数人的认可；另一方面，受过高等教育的女性越来越多，教育部“教育统计数据”表明，从2009年开始，中国女性大学生的比例超过50%。中国家庭追踪调查2014年的数据表明，女性受教育程度越高，对传统性别分工的认同度越低。这些受教育程度较高的女性有更好的机会获得更高的工资，同时对传统的性别分工不太认同，传统与现代的碰撞，必然会对她们的择偶造成较大的困难。第五章我们以此为切入点，对“剩女”形成的原因进行了研究。

最后，我们试图从性别身份认同的视角研究婚姻满意度和主观幸福感。传统的性别身份认同要求男性赚更多的钱，如果妻子占家庭收入比例上升甚至超过丈夫，对婚姻满意度有什么样的影响？另外，传统的身份认同要求妻子做更多的家务，过多的家务是否对丈夫和妻子的主观幸福感造成影响呢？如果有影响，其影响的路径又是怎样的？这些都是本书关心的问题。

第二节　本书的框架

本小节我们对本书的框架进行简单的梳理。

第二章为文献综述。我们首先对国内外关于性别身份认同研究的文章进行回顾，并对与本书研究问题相关的国内外文献进行梳理。

第三章研究了双收入家庭中妻子收入在家庭收入中占比。我们使用 McCrary（2008）的方法检验双收入家庭中妻子收入占比的分布，发现分布在 50% 处出现显著的下降，多个微观数据库的检验都支持这一结论。无论是单一决策模型（Unitary Model）还是集体决策模型（Collective Model）都无法解释这一现象，我们认为，性别身份认同可能可以解释这一现象。

第四章研究了性别身份认同与已婚女性的工资及劳动参与的关系。实证发现，妻子的工资超过自己丈夫的概率越大，她们参与劳动的概率越低，她们的工资离潜在工资的差距也越大。我们认为，“男主外、女主内”的身份认同可能是一个重要的原因，我们使用中国家庭追踪调查 2014 年的数据作了进一步的研究。

第五章从性别身份认同的角度研究“剩女”现象。我们首先发现，女性受教育程度越高，工资超过男性的概率越高，结婚率越低。其次，我们使用 2005 年 1% 人口抽样调查数据进行实证，发现女性工资超过男性的概率越大、受教育程度越高，结婚的可能越小。再次，我们通过考察 CFPS2014 年的数据发现，女性受教育程度越高，对传统性别分工的认同度越低；同时，实证结果表明，对传统性别分工认同度越高，结婚的概率越高。因此，可以认为越来越多的受过高等教育的女性的身份认同与社会主流认同的矛盾导致了优秀“剩女”越来越多。

第六章研究了性别身份认同对婚姻满意度的影响。我们发现，妻子收入在家庭收入中占比越高，婚姻幸福感越低；当妻子的收入超过丈夫之后，婚姻满意度出现明显下降。进一步的研究发现，越是认同“男主外、女主内”身份的个体，其婚姻幸福程度越高，但是当妻子的收入超过丈夫之后，越是认同传统身份认同的个体，其婚姻满意度越低。

第七章研究了性别身份对家务劳动及主观幸福感的影响。我们发现，女性的身份认同越传统，其家务时间越长，而对男性而言，身份认同对他们的家务时间没有影响。实证结果还表明，家务时间并不影响女性的主观幸福感，但是对男性而言，家务时间越长，幸福程度越低。

本书的结构安排如图 1－1。

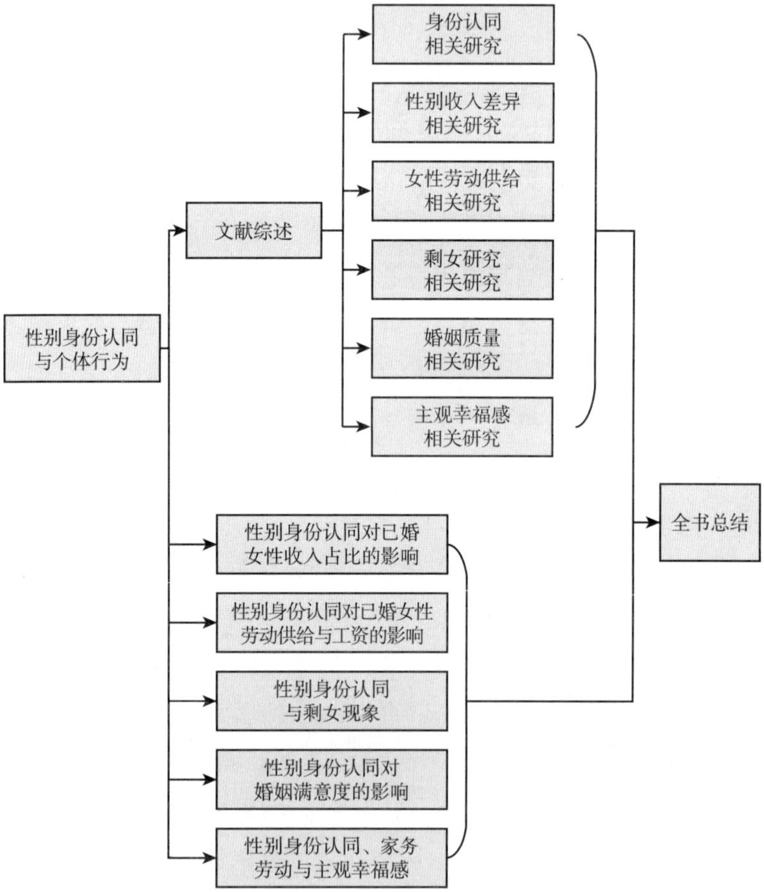

图 1－1　本书结构安排

第三节 研究数据、方法及可能的贡献

一、数据库介绍

本节我们对研究中使用的微观调研数据库进行简单的介绍。

中国健康和营养调查（China Health and Nutrition Survey，CHNS）是美国北卡罗来纳大学和中国疾病控制中心联合调研的一套数据库。调查从1989年开始，起初调查了辽宁省、江苏省、山东省、河南省、湖北省、广西壮族自治区、贵州省共七个省级行政区，随后又在1991年、1993年、1997年、2000年、2004年、2006年、2009年和2011年进行了追踪调查，并且分别在1997年加入了黑龙江省、在2011年加入了北京市、上海市和重庆市三个直辖市。调查采取分层、整群、随机抽样的方法，每个调查年度共调查农村和城镇住户4 000个左右，涉及家庭成员13 000多个，内容包括住户调查、膳食调查、健康调查和社区调查等多个方面。

“中国家庭追踪调查”（CFPS）是北京大学中国社会科学调查中心（ISSS）实施的项目。样本覆盖了25个省/市/自治区的16 000户家庭，数据包括个体、家庭、社区三个层次，可以视为一个全国代表性样本。在抽样方式上，CFPS采用内隐分层、多阶段、多层次、与人口规模成比例的概率抽样方式，因此较具代表性。

“中国综合社会调查”（CGSS）始于2003年，每年对中国大陆各省、自治区和直辖市的10 000多户家庭进行调查，数据包含了个人的年龄、收入等信息，因此可用于本书的研究。

2005年全国1%人口抽样调查以全国为总体，以各省、自治区、直辖市为次总体，采取分层、多阶段、整群概率比例的抽样方法，样本量为1 705万人，占全国总人口的1.31%。而微观数据库是在此基础上随机抽取20%的样本，包含个体的年龄、职业和收入以及家庭关系的信息。

以上的数据库抽样方法科学，代表性强，可信度高，被各学者广泛应用于经济学和社会学等领域的研究，本书基于它们的研究也是可靠的。

二、研究方法

本书使用的估计方法包括最小二乘法（Ordinary Least Square，OLS）、Probit 模型、分位数回归以及定序 Probit。

McCrary（2008）文章提供了一种检验分布密度函数连续性的方法，本书第三章使用这一方法检验双收入家庭中女性收入占比的分布在 50% 处的连续性。第五章在解决内生性问题时，采用了 Bartik 式方法构建工资，该方法使用男女行业分布比例作为权重计算个体工资，能够有效剔除个体及宏观因素对个体工资的影响，被广泛应用于工具变量的构造。第七章我们使用中介作用模型对家务劳动时间影响主观幸福感的途径进行研究。

三、可能的贡献与不足

本书的贡献主要体现在三个方面：

第一，为理解女性的劳动供给、工资、婚姻匹配以及个体婚姻满意度及主观幸福感等问题提供了新的视角。国内研究女性工资和就业的文献十分丰富，但是多是从受教育程度、性别歧视和家庭结构等角度来研究女性与男性工资差异及女性就业率问题。我们的文章从性别身份认同的角度研究已婚女性与她们丈夫的工资差异及劳动供给，据作者所知，在国内属于首次。关于“剩女”的研究也较多，但多是从性别失衡、高等教育扩张和梯度匹配的角度来研究，本书则以性别身份认同为切入点展开分析，为研究“剩女”问题提供了新的视角。另外，文章还分析了性别身份认同对婚姻满意度及主观幸福感的影响。婚姻满意度和主观幸福感直接关乎个人福利，任何经济发展都是为了提高个体的幸福感，从性别身份认同的角度理解这个问题，可以加深我们对这一问题的认识，可谓是一个新的尝试。

第二，为身份认同影响个体行为提供了新的证据。Akerlof 和 Kranton（2000）首先提出了身份认同对个体行为的影响，随后他们又在一系列的文章中论证了身份认同对教育、组织行为、工资和幸福感的影响。国内仅有两篇研究家乡身份认同与经济增长的文献（李书娟和徐现祥，2016；李书娟、徐现祥和戴天仕，2016），本书研究性别身份认同对女性的工资与劳动决策、“剩女”、婚姻满意度及主观幸福感的影响，从多个角度证明了身份认同会影响个体的行为。

第三，使用经济学的方法研究了身份认同对个体行为的影响。传统意义上，身份认同属于社会学和心理学研究的范畴，本书另辟蹊径，使用经济学的方法研究身份认同对个人的影响，可算对国内文献的一个贡献。

本书也存在一些不足之处。限于数据的可得性，结论可能存在改进的空间。现有的追踪数据因为样本量较少，本书只能采用横截面数据进行研究。如果存在样本量较大的追踪数据，则可以彻底解决个体异质性导致的内生性问题，尽管我们使用工具变量对内生性问题进行了处理，但仍感到些许遗憾。

第二章　文献综述

Akerlof 和 Kranton（2000）首先从经济学的角度分析了身份认同对个体行为的影响，受到该文的启发，本书旨在研究性别身份认同对个体行为的影响。本章我们对与本书相关章节的文献进行简单回顾。

文章的第一节先梳理国内研究身份认同对个体行为影响的文献，第二节将对国内外研究性别工资差异的文章进行梳理，第三节回顾研究婚姻匹配及中国婚姻现象的文献，第四节对研究婚姻满意度的文献进行整理，第五节对研究主观幸福感的文献进行梳理。

第一节　身份认同的相关文献回顾

传统意义上，“身份认同”是社会学研究的范畴。近年来，经济学家将其引入经济学中，用于分析传统经济学难以解释的现象，形成了所谓的“身份经济学”。

Akerlof 和 Kranton（2000）的文章首先从经济学角度解释身份认同对个体行为的影响，他们从博弈论的角度阐明了“身份认同”影响个体行为的机制。作者在个体的效用函数中引入了其他参与者的行为，作者认为，个体的行为如果违背了他的身份认同，来自他人的行动会导致他的效用受到损失。这就解释了为什么身份会导致特定的行为。作者还从身份认同的角度简单解释劳动力市场的性别歧视和社会隔离等现象。

身份认同可以用来解释很多传统经济学难以解释的现象。如 Akerlof 和

Kranton（2002）从身份认同的角度解释了为什么教育资源的一点点差异导致教育结果的巨大不同。作者认为，学生根据自己的背景及学校的差异将自己的身份划为三类，即“领头羊、书呆子、懒惰者”，他们的行为也会尽量符合自己的身份，在不同的身份认同类别，相同的教育资源的投入会导致不一样的结果。作者还在另外一篇文章（2005）中分析了身份认同对工作激励的影响，认为雇主只需要将员工的身份认同与组织目标结合，即便使用较少的金钱也能产生较好的激励效果，这也较好的解释军队和文职人员的行为动机。

身份认同也能很好的解释女性劳动参与率的变化。Fortin（2005/2015）的文章使用世界价值观调查的数据，研究了女性自我认同对她们劳动供给和工资的影响。作者发现，无论是 OECD 国家还是美国，妇女的自我意识对她们劳动参与率以及性别工资差异都有很大的影响。Bertrand et al.（2015）的文章发现，双收入家庭存在避免妻子收入超过丈夫的现象，对于那些可能超过丈夫工资的女性而言，她们会选择降低自己的工资、减少工作时间甚至退出劳动力市场，作者认为，“女人的收入不应该超过男人”这一性别观念导致了这些现象。过去的研究（Killingsworth 和 Heckman，1986；Cain，1986）认为，性别歧视和受教育程度才是女性劳动参与率较低以及性别工资差异的主要原因，作者的发现为我们理解女性在劳动力市场的表现提供新的视角。

国内的经济学者还研究了家乡身份认同对经济增长的影响。李书娟和徐现祥（2016）的分析发现，2001—2010 年省委书记或者省长的家乡所在的地级市的经济增速比其他地级市快 0.6%，并且只有党省委书记或省长的任职省份和家乡不重合时，家乡身份认同效应才存在。李书娟、徐现祥和戴天仕（2016）的文章发现，如果省长的就职省份与家乡不重合时，其家乡所在的县级市的夜间灯光亮度提高 8%，同一地级市的相邻县提高 1.8%，但是非同一地级市的相邻县的灯光亮度无显著变化。这些研究为身份认同影响个体行为提供了新的证据。

第二节 性别工资差异研究综述

性别工资差异作为劳动力市场上的一个重要的显现，受到众多学者的关注。关于本节我们将分性别工资差异的经验事实和原因对相关文献进行简要回顾。

一、性别工资差异的经验事实

我们首先对国内外研究中国性别工资差异经验事实的文章进行梳理，以期对我国的性别工资差异历史演进有一个整体的把握。

横向对比，我国的性别工资差异在世界范围内处于什么的水平？Björn Gustafsson 和 Li（2000）的文章表明，从 1988—1995 年，女性与男性工资差异在扩大，工资比从 84.4% 降至 82.5%，性别工资差异小于多数国家。李春玲和李实（2008）的文章将中国性别工资差异与发达国家进行了比较，结果发现：中国的性别工资差异在世界范围内是较小的。那么近年来我国的性别工资差异又是如何？根据世界经济论坛发布的《2016 年全球性别差距报告》显示，2016 年我国女性平均收入仅仅是男性的 62%，略高于世界平均水平。从以上研究来看，我国性别工资差异略低于世界平均水平。

中国的性别工资差异的演化趋势又是怎样？Maurer - Fazio，Rawski，Zhang（1999）认为，1988—1994 年全国工业性别工资差异逐年上升，原始的性别工资差异达到 34%—54%。葛玉好（2007）使用 1988—2011 年中国城镇住户调查数据发现：1988—1991 年，性别工资差异几乎不变；1992—1996 年，性别工资差异上升；1997—2001 年，性别工资差异缩小；而且所有年份，女性的平均工资都在男性平均工资的 80% 以上。Bishop，Luo，Wang（2010）的研究表明，1998—2004 年性别工资差异从 19% 增加至 20%。赵春明、文磊和李宏冰（2017）通过 2004—2007 年中国工业企业数据库计算得到性别工资差异均值为 15.13%。吴群峰（2017）使用 2005 年全国 1% 人口调查数据计算出女性工资较男性少 21.6%。卢晶亮和冯帅章（2015）的文章中使用 1992—2009 年国家统计局城镇住户调查数据计算发现，女性与男性工资的比例从 1992 年的 86% 下降至 2009 年的 77%。何泱泱、刘国恩和徐程（2016）使用 2003 和 2013 年“中国综合社会调查”（CGSS）数据计算出来的性别工资差异分别为 22% 和 36%。而毛学峰、刘靖和张车伟（2016）的文章使用 2010 年“中国综合社会调查”（CGSS）数据计算出来的性别工资差异为 33%。而张抗私和刘翠花（2017）使用“2014 年大学毕业生就业质量问卷”的数据计算出男生平均月工资比女生高 11.56%。

综合以上的研究，我们发现：虽然各个学者计算出来的性别工资差异有区别，但是总体而言，20 世纪 80 年代至今中国的性别工资差异在变大。以上文献的研究对象多是城镇居民，由于中国存在城乡二元结构，农村和城市的情况可能存在区别，因此需要我们对农村性别工资差异经验事实的文章进行单独回顾。

Meng 和 Miller（1995）分析了 1985 年的 45 个乡镇企业发现女性比男性的工资少 20%。Hare（1999）研究 1989 年广东省的乡镇企业发现，女性的工资比男性少 37.8%。Dong et al.（2004）的文章分析了江苏省和山东省三个县的农村私有企业的工资，发现女性的年工资和小时工资分别比男性低 24.8% 和 25.8%。畅红琴（2009）使用中国健康与营养调查的数据研究了中国农村 1993 年、1997 年和 2006 年性别收入差异，他发现性别收入差距从 21.1% 扩大到 36.6%。胡浩（2011）使用 1997 年、2000 年、2006 年和 2009 年的中国健康与营养调查（CHNS）数据发现：农村女性和男性的对数工资的差距从 23.8% 上升到 28.8%。李实和杨修娜（2010）的文章使用中国农民工课题组对 15 个城市农民工工资数据计算发现，女性农民工的月工资为男性的 80%。

以上的研究表明，无论是城镇居民还是农村居民，性别工资差异都有变大的趋势，并且农村居民的性别工资差异可能大于城市居民。

二、性别工资差异的原因

什么导致了性别工资差异呢？本部分我们对相关的研究进行梳理。

多数研究认为，对女性的歧视是造成性别工资差异的主要原因。Gustafsson 和 Li（2000）的研究发现，个体特征的差异对性别工资差异的解释不到 50%，更多的工资差异可能来自于对女性的歧视。王美艳（2005）的研究发现，性别工资差异主要由行业内工资差异造成，而人力资本差异只能解释行业内工资差异的 6.65%，人力资本能解释总体工资差异的 6.95%，剩下的部分则主要是性别歧视造成的。李实和马欣欣（2006）的文章使用 1999 年城镇住户抽样调查数据同样发现，性别工资差异主要来自职业内的性别歧视。李利英和董晓媛（2008）则从企业的角度研究了性别工资差异产生的原因，他发现，同样的人力资本，企业支付给男性员工的工资往往高于女性员工。针对大学生的研究也表明，性别歧视是导致工资差异的主要原因。柴国俊和邓国营（2013）的文章发现，影响大学生性别工资差异的是行业内的性别歧视。张抗私和刘翠花（2017）的文章也验证了他们的发现，而且他们还进一步的发现，大学层次越低，毕业生的性别工资差异越大，女性受到的歧视程度越高。

市场化竞争也可能导致性别工资差异变大。随着我国社会主义市场经济制度的完善，过去一碗水端平的分配方式可能逐步被市场化的分配方式所取代，平均而言，男性的教育程度高于女性，在市场化分配机制下，他们的收入更高。Liu et al.（2000）的文章发现，私企和外企中性别工资差异更大，因为人力资本在这两个部门的回报更合理。李春玲和李实（2008）的研究发现，改革开放初期性别工资差异主要是市场竞争加剧导致的。何泱泱、刘国恩和徐程（2016）的文章发现，城市性别工资差异增大主要是来自教育、工作经验以及个人能力等人力资本的差距，源自性别歧视和职业隔离的因素在减小。李宏兵、蔡宏波和王永进（2014）的文章发现，市场潜能会扩大总体性别工资差异，降低高技能劳动力的性别工资差异。

另外，还有学者从贸易开放的角度解释性别工资差异。刘斌和李磊（2012）年的文章使用中国家庭住户收入项目调查数据（CHIP）的数据发现，贸易开放总体上拉大了性别工资差异，但是缩小了高技能劳动者的性别工资差异。卢晶亮和冯帅章（2015）的文章发现，贸易开放显著拉大了制造业低技能从业者的性别工资差异，对于高技能的从业者无显著影响，对其他行业的从业者也无显著影响。吴群锋（2017）的文章发现，进口竞争可以减轻制造业的性别工资歧视。何泱泱、刘国恩和徐程（2016）的文章则发现，进口企业产品质量的提升显著加大了企业的性别工资差异。李磊、王小洁和蒋殿春（2015）的文章发现，外资占比较高的地区和行业，竞争压力更大，客观上会促进当地企业雇佣更多的女性。而且与其他所有制相比，外资企业更愿意雇佣女性并给予相对较高的工资。

其他因素也可能影响性别工资差异。毛学峰、刘靖和张车伟（2016）的文章分析了工会组织对性别工资的影响，发现工会可以提高女性的工资，减少性别工资差异，这一效应在私企中更加明显。

上述文献基本都是研究城镇劳动力的性别工资差异的。接下来，我们将对研究农村劳动力的性别工资差异成因的文章进行回顾。

Meng（1998）的文章认为，农村工业性别收入差距19%是由性别歧视造成的。畅红琴（2009）的研究发现，工资回报差异的上升是影响农村性别收入差距的重要原因。李实和杨修娜（2010）的研究表明，2/3的农民工性别工资差异是由歧视和不可观因素造成的。高亚（2015）使用中国健康与营养调查（CHNS）1991年、2000年和2011年的数据发现，虽然农村性别工资在扩大，但是Neumark分解结果表明，个体特征解释的差异部分已经从1991年的41.8%上升至2011年的53.7%，这表明，性别工资歧视是在下降的。

从上面的回顾中我们看到，歧视是导致性别工资差异的主要原因，其他的因素如贸易开放、企业所有制和市场竞争也可以加大性别工资差异，但是工会可以缩小性别工资差异。

第三节 女性劳动供给的相关研究

本书的第四章研究了性别身份认同对女性劳动力供给的影响。本小节我们对国内外研究女性劳动供给的相关文献进行梳理。

一、国外对女性劳动供给的研究

本小节我们对国外关于女性劳动供给的文献进行梳理。

Mincer（1965）的文章首先研究了已婚女性劳动供给。他认为，真实工资的上升导致替代效应大于收入效应，是20世纪上半叶女性劳动参与率提高的重要原因。

Killingsworth和Heckman（1986）的文章对研究女性劳动供给的文章做了一个全面的梳理，文章认为，女性的年龄、受教育水平以及身体健康状况等个体因素都会对她们的劳动供给产生较大的影响。另外，男女分工上的不一样也会对她们的劳动供给产生影响，如子女个数和丈夫的收入（Blau和Robins，1988；Kleven et al.，2009）都会影响女性的劳动参与。Neumark和Postlewaite（1998）的文章认为，女性如果能够获得较高的相对收入，她们劳动参与的概率会更大。

还有学者从税收政策的角度研究女性劳动供给。Meyer和Rosenbaum（2001）

的研究发现，单身母亲劳动供给的增加大部分归功于 ETIC 计划对单亲女性的补贴。

二、国内对女性劳动供给的研究

国外对女性劳动供给的研究多是针对发达国家，我国目前的经济发展状况以及社会的特征和发达国家有较大的不同，有自己的特点，女性劳动供给和国外也不尽相同。这一部分我们分城镇和农村两部分对研究中国女性劳动供给的文献进行回顾。

（一）城镇女性劳动供给的相关研究

教育水平是影响女性劳动参与的一个重要因素。姚先国和谭岚（2005）的文章使用 1988—2002 年城镇住户调查的数据分析丈夫收入和教育水平等因素对已婚女性劳动参与的影响。研究发现，1995—2002 年，丈夫收入的变动只能解释整体女性劳动参与变动的 12.87%，而对于低收入家庭，这一比例甚至只有 7.74%。受教育水平是影响女性就业决策的重要因素，受教育程度越高，劳动参与的概率越大，文化程度低的已婚妇女的劳动参与率下降的最多。

由于女性和男性的分工不同，女性可能会承担更多的照料老人和小孩的责任，从而对她们的劳动供给产生影响。蒋承和赵晓军（2009）使用中国老年人口健康长寿跟踪调查的数据发现，照料老人对女性的就业有着显著的负面影响。黄枫（2012）使用 1991—2009 年中国健康与营养调查的数据发现，照料老人显著的减少了女性的劳动参与率，相较于不需要照料老人的女性，有照料责任的女性的劳动参与率下降 21.5%，高强度的照料劳动更是使得女性的劳动参与率下降 69.5%。陈璐等（2016）使用 1991—2011 年中国健康与营养调查的数据，利用面板数据和工具变量的方法研究女性负责父母公婆的家庭照料对她们劳动供给的影响。结果发现，当女性每周家庭照料时间超过 20 小时，她们将无法兼顾工作与家庭，劳动参与率下降 7.31%，如果此时她们仍然选择工作，劳动时间会减少 2.8—4.8 小时，每月收入减少 7.21%，总之，家庭照料将减少女性劳动供给。

计划生育政策实施以来，中国的家庭结构发生了重大的变化，有学者研究了子女数目、家庭结构对女性劳动供给的影响。张川川（2011）的文章使用了中国健康与营养调查（CHNS）2004 年和 2006 年的数据研究子女数量对已婚女性劳动供给的影响。研究发现，子女数目的增加会显著减少女性的劳动参与和工作时间。沈可、章元和鄢萍（2012）的文章采用 2002 年中国老年健康影响因素调查（CLHLS）以及 2002 年中国家庭动态社会调查（PSFD）的数据，分析了家庭结构变迁对女性劳动参与的影响。研究发现，多代同堂可以显著减轻女性的家务负担，从而提高了女性劳动参与率 24.3%—40.4%，同时显著提高了女性每周工作时间，但是对男性的劳动参与和工作时间没有影响。程璆、郑逸芳和许佳贤（2017）的文章使用中国综合社会调查（CGSS）2010 年的数据，研究了家庭禀赋和结对妇女劳动参与的影响。研究发现，家庭禀赋越好，已婚妇女的劳动参与率越高，而家庭照料负担越重，女性的劳动时间越少。

家庭的资产也会对女性的劳动参与产生影响。吴伟平、章元和刘乃全（2016）的文章分析了房价上涨对女性劳动供给的影响。他们使用中国健康与营养调查 1990—2011 年的数据结合各调查城市的房价数据实证发现：房价上涨会降低女性劳动参与率，房价每上升 1 个百分点，女性劳动参与率则下降 0.08%，对有房产的女性，房价对劳动参与的边际效应达到 -0.1%；而对无房产者而言，房价上涨拉动女性就业 0.15%。

经济发展水平也可能影响女性的劳动决策。申广军和邹静娴（2016）的文章分析了各地区金融发展水平对城市女性劳动供给的影响，研究发现，金融发展程度每提高一个标准差，女性就业率可以提高 1.1%。彭青青等（2017）的文章研究市场化程度对城镇女性劳动供给的影响，通过 1992—2009 年中国城镇住户调查的数据及相关的宏观数据发现，市场化提高家政市场的价格，使部分低工资的女性退出劳动力市场。

有学者研究贸易开放对女性劳动决策的影响。冯其云和朱彤（2013）的文章使用 2001—2011 年中国各省的数据分析了贸易开放对女性就业的影响，研究发现，贸易开放对女性就业有显著的负向影响。赵宁和李永杰（2015）的文章使用 1992—2012 年全球 82 个国家或地区的数据分析贸易对女性劳动参与决策的影响，研究发现，贸易开放程度越高，女性劳动参与率越低，同时进口和出口对女性就业都有负面影响，经济发展水平也对女性就业有抑制作用。

还有学者考虑法律对女性劳动力供给的影响。王靖雯和魏思琦（2016）使用中国综合社会调查（CGSS）2010 年和 2012 年数据，采用 DID 方法，考察“婚姻司法解释三”对女性劳动供给的影响，研究发现，“婚姻司法解释三”的实施，通过明确夫妻财产关系，显著提高了女性劳动供给。马双、李雪莲和蔡栋梁（2017）的文章则分析了最低工资标准对女性劳动供给的影响，他们使用中国家庭金融调查项目 2011 年和 2013 年的调查数据以及各县的最低工资标准实证发现：已婚妇女的劳动参与率对最低工资的弹性是 18.6%。

（二）农村女性劳动供给的相关研究

前面我们回顾了关于城镇女性劳动力供给研究的相关文献，但是由于中国城乡二元结构的存在，农村女性的劳动供给特别是非农劳动供给与城镇女性存在很大的不同，因此我们将研究农村女性劳动力供给的文献进行单独的回顾。

农村女性的非农劳动供给是学者们关心的重点。刘晓昀、Terry Sicular 和辛贤（2003）的文章使用 1989 年、1991 年、1993 年和 1997 年中国健康与营养调查的数据发现，其他条件相当的情况下，女性的非农劳动参与率比男性低 24%，家庭规模、教育水平以及当地的乡镇企业数目都显著增加女性非农劳动的参与率，年龄越大、家庭耕地越多，她们非农劳动供给的概率越小。刘妍和脱继强（2008）使用 2007 年江苏省农村调研数据研究发现：年龄越大，从事非农劳动的概率越小，文化程度越高，在本地从事非农劳动的概率越大。汪伟（2010）使用 2008 年山东省肥城市的调研数据发现，受教育水平影响了农村夫妻的非农就业机会的获得，而且家务劳动会降低女性的劳动供给。陆文聪和吴连翠（2011）分析 2007 年和 2008 年安徽省农村劳动力的数据发现，人力资本对女性的非农劳动供给没有显著影响，但是对男性有显著影响；女性普遍在本地从事非农劳动，可能与她们要兼顾家庭有关。

以上的研究表明，年龄、受教育程度以及当地的非农就业机会是影响农村女性的非农劳动供给的重要因素。由于女性要承担更多的家务以及照料的责任，可能也会对她们的劳动供给产生显著的负面影响。周春芳（2013）的文章使用 2008 年、2009 年和 2010 年江苏省的微观调查数据考察看护儿童和照料老人对农村已婚妇女的劳动供给的影响，研究发现，照顾 0—6 岁儿童以及照料 80 岁以上老人严重降低农村已婚妇女的非农就业劳动供给。熊瑞祥和李辉文（2016）的文章使用中国家庭追踪调查2010年的数据实证发现，中国农村仍然存在着很多因为照顾儿童而不得不在家从事农业劳动的女性，带有照管功能的幼儿园和小学可以缓解这一现象。

保险会促进农村女性的非农劳动供给。许庆和刘进（2015）的文章使用中国健康与养老追踪调查（CHARLS）数据发现：新农合的报销越多，农村女性的劳动供给也越多。

从以上简要的回顾我们可以看到，个人的教育程度和年龄是影响女性劳动供给的重要因素，家务劳动、照顾老人和小孩会降低她们的劳动参与概率。从宏观层面来看，各地区的经济发展水平、当地的乡镇企业的数目也会影响女性劳动供给。而且女性的劳动供给会受到政策层面因素（医保政策、婚姻法以及最低工资法）的影响。

第四节 婚姻匹配及中国婚姻现象的研究综述

本节我们对国内外研究婚姻现象的文献进行回顾。首先对国外的研究进行简单回顾，然后对研究中国婚姻现象的文章进行较细致的梳理。

一、国外的相关研究

国外学者多从匹配的角度来研究婚姻。Gale和Shapley（1962）证明存在稳定的婚姻匹配方式，并且提出了被称为“Gale - Shapley”的算法。Becker（1973，1974）的文章从家庭生产理论的角度研究了婚姻的形成，他认为，只有结婚的收益高于单身时，婚姻才可能形成。他还指出，当男女双方在家庭生产中是互相替代时，特征相反的个体之间才能形成婚姻；当男女双方在家庭生产中是互补时，特征相同的个体之间才能形成婚姻。

学者进一步将匹配分为“同类匹配”和“梯度匹配”。Kerckhoff和Davis（1962）的文章认为，相似的个体之间更容易选择对方成为配偶。DiMaggio和Mohr（1985）也认为，具有相似文化背景的个体间更容易匹配。但是有学者发现，“梯度匹配”也是广泛存在的现象。Elder（1969）的文章发现，来自社会底层的女性可以通过嫁给地位更高的男性来使自己和自己的子女受益，婚姻匹配并不总是在相似的个体间进行，长得漂亮的底层女性，更容易嫁给地位更高的男性。Chiappori，Iyigun，Weiss（2008）的文章发现，无论是在婚姻中还是在劳动力市场，女性的教育回报率更低，导致女性的教育投资更少，从而出现梯度匹配现象。但是出现“梯度匹配”可能还有别的原因。Fisman et al.（2006）通过速配实验发现：女性比较看重配偶的才华；男性更欣赏女性的外表，并且不欣赏那些才华和抱负超过自己的女性。

婚姻匹配特征变化的原因也是学者们关心的问题。Goldin 和 Katz（2002）的文章发现，避孕药的使用是 20 世纪 70 年代女性初婚年龄上升的原因。Angrist（2002）的文章通过使用第二代移民的数据发现，较高的男女性别比例可以提高第二代移民女性的婚姻。Choo 和 Siow（2005）的文章估计了婚姻匹配函数，发现堕胎合法化导致年轻男女在婚姻中获得的效用改进从 1970/1971 年到 1980/1981 年是下降的。

二、中国的相关研究

国内研究婚姻的文章也很多。大致可以分为对中国婚姻匹配特点的研究和对“结婚率下降、离婚率上升”原因的探究。

首先对研究我国婚姻市场匹配特点的文献进行回顾。徐安琪（2000）使用在哈尔滨市和上海市调研的数据对中国婚姻匹配影响因素进行研究，他发现，青年男女在选择婚姻时，既看重对方的个体素质，也看重其经济条件。李煜（2008）的文章使用 2000 年人口普查数据研究了 1949—1999 年中国婚姻匹配中的教育匹配特征，他发现，1980 年之前，中国婚姻配对中的教育匹配度一直较低，但是自 1980 年以后，教育匹配度迅速上升，到了 20 世纪 90 年代，一直维持在较高的水平。Han（2010）的文章使用 2000 年人口普查和 2001 年人口与生殖健康调查的数据，研究了 1970—2000 年中国城乡的婚姻教育匹配模式。他发现，教育同型匹配值从 20 世纪 70 年代早期的 6 变动到 90 年代后期的 9，但是经历了一个先下降后上升的过程；他还发现，城市的教育趋同早于农村。雷晓燕、许文健和赵耀辉（2014）的文章使用 2011—2012 年中国健康与养老追踪调查（CHARLS）的数据研究了中国 20 世纪 50 年代至 90 年代的婚姻匹配模式；他发现妻子教育程度高于丈夫的家庭越来越多，同时丈夫和妻子双方的家庭背景更好的家庭比例也越来越多。

还有学者分析了我国婚姻中的自致性匹配和先赋性匹配的变化。李煜（2011）的文章使用2006年中国综合社会调查的数据研究了新中国成立以来中国择偶匹配的变迁，他发现，1978—1992年的自致性和先赋性匹配程度比改革开放之前更高。相比于1978—1992年，1993—2006年自致性匹配上升，先赋性匹配下降。齐亚强和牛健林（2012）的文章使用中国综合社会调查2006年的数据分析了1949—2006年我国婚姻匹配模式的变化，他发现，婚姻匹配中的自致性匹配在逐渐上升，而先赋性匹配是先下降后上升，20世纪90年代时最小。

这些研究为理解我国的婚姻匹配特征的演化提供了清晰证据。除了婚姻匹配的特点外，也有学者研究了婚姻匹配困难的个体的特点。刘爽和郭志刚（1999）的文章使用1995年1%人口抽样调查数据发现北京市大龄未婚青年主要分布在两类群体中，一类是高学历、高收入的男性和女性，另一类则是社会地位较低的男性。章逸然、章飚和胡凤英（2015）的文章使用2010年和2012年中国综合社会调查的数据发现，同样的条件下，男性比女性"剩下"的概率高2.37%。

目前，我国的婚姻匹配呈现"低结婚率、高离婚率"的特点。许多文章对此进行了研究。沈新凤（2011）的文章从内生家庭谈判力的视角研究了我国婚姻市场匹配失衡的现象，他认为，男女的生物功能的不对称性导致女性有向上匹配、男性有向下匹配的倾向，这一倾向导致高学历、高收入的女性和低学历、低收入的男性存在婚姻匹配的困难。江涛（2013）的文章则从搜索匹配的角度研究了男女性别比失衡对婚姻推迟甚至减少的影响，研究模型和实证都表明：男女性别比的上升将会导致男性结婚率下降，女性结婚率上升。於嘉和谢宇（2013）的文章使用中国综合社会调查2003年和2008年的数据考察中国城镇居民初婚影响因素的变化情况，他发现：男性的经济条件和工作情况可以促进他们的初婚，国企及事业单位的职工在婚姻市场上的优势呈下降的趋势；他还发现，房价越高的地区，男性和女性的初婚年龄也越大。吴要武和刘倩（2014）的文章分析高校扩招对婚姻市场的影响，他发现，高校过招导致2009年本科生的结婚概率比2002—2003年下降18.5%，女性的结婚率的概率甚至下降28.6%。

由此可见，结婚率下降可能是来自"生物功能的不对称性"、男女性别比失衡、经济发展导致的社会变迁以及高校扩招婚姻匹配推迟及下降。

学者们也对“离婚率上升”表现出极大的兴趣。陆益龙（2009）的文章使用2006年中国社会综合调查的数据发现，匹配模式并不影响婚姻稳定性。教育程度和初婚时代对婚姻稳定有较大的影响。高梦滔（2011）的文章使用2003—2009年农业部农村固定观察点村庄数据实证分析了外出务工对农村离婚率的影响，结果表明：外出务工的增多显著提高了农村离婚率，但是家庭的耕地资源和子女的数目则会降低离婚率。莫玮俏和史晋川（2015）的文章使用中国健康与营养调查1993—2001年的数据研究了人口流动对农村居民离婚率的影响，他发现，单方人口流动提高离婚概率0.86%—0.92%，共同的人口流动提高离婚率0.75%—0.8%。李小敏（2014）的文章研究了互联网普及对离婚率的影响，他发现，互联网越普及的地区，离婚率越高。范子英（2016）的文章研究了2010年各地出台的“限购”措施对离婚率的影响，他发现，限购政策导致了离婚率上升4.5%。林莞娟和赵耀辉（2014）的文章使用1990年和2000年的人口普查数据分析了“重男轻女”的思想对离婚率的影响，他发现，头胎是女孩的女性离婚率更高。

从以上的回顾可以看出，“离婚率上升”的原因可能来自外出务工、互联网普及、限购措施以及“重男轻女”的传统思想。

第五节　婚姻满意度的研究综述

本书的第六章分析了性别身份认同对婚姻满意度的影响。什么影响了婚姻满意度？本节我们对国内的相关研究进行简要的回顾。

收入是影响婚姻满意度的重要原因。张贵良、雷韬和梁海梅（1996）的文章使用1995年“中国妇女问题”调查数据，研究了城镇夫妻婚姻幸福满意程度及其影响因素。他发现，我国城市夫妻的婚姻满意程度在中上水平，家庭收入对婚姻幸福的影响最大。

婚前的感情也是一个重要的因素。徐安琪和叶文振（1998）利用1996年上海市、哈尔滨市、广东省等6 000多对已婚男女的数据发现：婚前的感情基础和婚后的幸福程度具有正相关关系；婚前较般配而且婚后一致性较强的夫妻的婚姻满意度更高；传统的性别角色会降低婚姻的幸福程度。董志勇和肖才德（2010）利用2002年中国高龄老人健康长寿跟踪调查的数据发现：相亲结婚的男性的婚姻满意程度低于自由恋爱者，女性则不存在差别。

婚姻匹配方式对婚姻满意程度也有较大的影响。雷晓燕、许文健和赵耀辉（2014）发现，在经济发展落后的地区，女性如果嫁给家庭地位较高的男性，她们的生活满意度会大大提高，对于经济发达地区这一现象较弱，而城市则完全不存在，婚姻匹配模式对男性婚姻满意度无影响。郭婷和秦雪征（2016）的文章发现，梯度匹配的现象在中国始终存在，高攀和下嫁都降低了生活满意程度，初婚年龄越高，生活满意度越低。牛建林（2016）的文章则发现：相比夫妻教育水平相同的模式，“夫高妻低”的模式会显著提高妻子的婚姻满意度，降低丈夫的婚姻满意度；而“夫低妻高”的模式会显著降低妻子的婚姻满意度，提高丈夫的婚姻满意度。

婚后的交流、子女的数目以及夫妻的健康状况也非常重要。王存同和余娇（2013）研究发现：女性的婚姻满意程度低于男性，城市居民的婚姻满意程度低于农村居民，多子女家庭的婚姻满意程度较低，有婚前同居经历的夫妻的婚姻满意程度较高，沟通越多、婚姻满意度也越高。申顺芬和林明鲜（2013）的文章使用2010年山东省“婚姻满意程度”的调查数据，研究发现：夫妻间的交流时间越长，婚姻满意度越高；同时，健康也可以提高婚姻满意度，而且持有传统家庭分工观念的夫妻婚姻满意程度也更高。董志勇和肖才德（2010）利用2002年中国高龄老人健康长寿跟踪调查的数据发现：健康水平特别是配偶的健康水平影响婚姻满意程度，学历高的个体的婚姻满意度高于学历低者。陈佳鞠（2015）的文章使用中国综合社会调查的数据研究了夫妻权力结构对婚姻满意度的影响，他发现，夫妻对家庭事务的决定权差异越大，婚姻满意程度越低；另外，情感沟通越差的夫妻，婚姻满意程度也越低。夫妻两地分居会降低夫妻对婚姻的满意度。许传新（2009）的文章使用西部地区数千名农村妇女的调查数据发现，留守妇女的婚姻满意程度明显低于非留守妇女。

以上研究表明，夫妻各自的学历、夫妻双方的家庭背景以及结婚之前的感情、婚后家庭收入、夫妻双方的沟通交流、家庭决策权、双方的健康状况以及孩子的数目是影响婚姻满意度的重要因素。

第六节　主观幸福感研究综述

本书的第七章讨论了性别身份认同对主观幸福感的影响。本节我们对国内外经济学者的相关研究进行简单梳理。

一、国外的相关研究

主观幸福感属于心理学研究的范畴。Easterlin（1974）开创了经济学家研究主观幸福感的先河，他对19个国家1946—1970年的数据研究发现，国民的收入和幸福之间呈倒“U”状，也就是随着国民收入的不断上升，幸福程度是先上升后下降的，绝对收入的增加并不一定导致个体更幸福，即所谓的“Easterlin悖论”。

此后，很多学者围绕个体主观幸福感的影响因素做了很多的研究。研究发现，相对收入对主观幸福感的影响更大。Clark和Oswald（1996）利用英国5 000个工人的数据发现，相对收入和他们的幸福程度高度相关。Mcbride（2001）的文章使用GSS1994年的数据也论证了相对收入效应很重要，相对收入越高的个体，幸福感也越高。收入不平等也会严重影响个体的主观幸福感。Alesina et al.（2004）的文章发现，收入越不平等，个体的主观幸福感越差，他们还发现，个体居住地的犯罪率也会影响幸福感。个体的就业状态对主观幸福感有很大的影响。Clark和Oswald（1994）的文章使用英国的数据发现，失业群体的幸福感低于工作群体。宏观经济形势也会对个体主观幸福感造成影响。Tella et al.（2001）的文章发现：GDP增长率越高，居民幸福感越高；失业率越高，居民幸福感越低。政府的公共支出同样会影响居民主观幸福感。Wassmer et al.（2009）的文章发现，虽然政府总财政支出对个体幸福感无影响，但是政府在安全方面的支出可以提高幸福感。

以上研究表明，绝对收入虽然影响个体的主观幸福感，但是不如相对收入重要。在失业的情况下，个体的幸福感会显著下降，提升就业率，加快经济增长以及降低通货膨胀率都能显著提高个体主观幸福感。与此同时，犯罪率和不公平程度的上升也会降低居民主观幸福感，政府对安全方面的支出会显著提高居民主观幸福感。

二、国内的相关研究

国内关于主观幸福感的研究也始于对“Easterlin 悖论”解释。田国强和杨立岩（2006）的文章在经济学模型中引入攀比理论以及健康、婚姻和就业等非收入因素，他发现，这些非收入因素可能是导致“Easterlin 悖论”的主要原因，只有提高非收入因素的水平，才能提高主观幸福感。何立新和潘春阳（2011）的研究发现，机会不均等降低了居民幸福感，特别是低收入者和农村居民的幸福感下降得更多，他认为，收入差距是导致中国出现“Easterlin 悖论”的主要原因。

收入差距是影响主观幸福感的一个重要因素。彭代彦和吴宝新（2008）的文章使用湖南省和湖北省的调研数据发现，农业收入差距越大，农民幸福感越差，但是非农收入差距对农民幸福感无影响，他认为，非农收入多是个体能力不同造成的，因此不会影响幸福感。王鹏（2011）使用 2006 年中国综合社会调查的数据实证发现，收入差距和主观幸福感呈倒“U”型关系，当基尼系数小于 0.4 时，收入差距增加时主观幸福感上升；大于 0.4 时，基尼系数越大，主观幸福感越低。王韬和鲁元平（2011）使用世界价值观调查数据及各省犯罪率数据发现，收入不平等除直接降低居民主观幸福感之外，还可以通过提高犯罪率间接降低主观幸福感。绝对收入和相对收入对个体幸福感有重要的影响。罗楚亮（2009）使用 2002 年住户调查数据发现，相对收入对主观幸福感起决定性作用，但是绝对收入的提高仍能显著提高个体的主观幸福感。

就业状态也会严重影响个体的主观幸福感。罗楚亮（2006）的文章使用中国社科院 2002 年的调查数据发现，失业会显著降低个体的幸福感。王海成和郭敏（2015）的文章使用中国综合社会调查 2006 年的数据研究了非正规就业对个体主观幸福感的影响，他发现，非正规就业降低个体的主观幸福感，收入不稳定是主要原因。

经济增长率和物价水平会影响个体的主观幸福感。刘军强、熊谋林和苏阳（2012）的文章利用中国综合社会调查数据 2003—2010 年五次的调研数据发现，国民的幸福感一直在提高，他认为，经济增长可能是幸福感提升的原因。陈刚（2013）的文章研究了通货膨胀对居民主观幸福感的影响，他使用中国综合社会调查2006年的数据发现，通货膨胀每上升1%，主观幸福感将下降1.13%，相当于GDP下降2%，中国的通货膨胀的幸福感成本远大于欧美国家。苏梽芳、王海成和郭敏（2013）的文章分析了食品价格对居民主观幸福感的的影响，他使用中国综合社会调查2008年的数据发现，食品价格的上涨显著降低了居民的主观幸福感。

政府治理、财政支出和民主建设等因素也会影响居民的主观幸福感。胡洪曙和鲁元平（2012）的文章研究了公共支出对农民主观幸福感的影响，他使用中国综合社会调查2006年的数据分析发现，增加公共支出能提高农民的主观幸福感，教育、医疗和社保支出效果显著；同时，公共支出对低收入农民提高主观幸福感的效果更好。陈刚和李树（2012）的文章分析了政府在提升居民幸福感中的作用，他们使用中国综合社会调查2006年的数据实证发现，提高政府的质量可以显著提高居民主观幸福感，其中对农民、低收入者以及中西部居民的效果显著，但是对城镇居民、高收入者和东部地区的居民效果不明显。陈前恒、林海和吕之望（2014）的文章通过使用2010年“中央专项彩票公益金支持革命老区整村推进项目”调查数据研究了村庄民主对农村居民的主观幸福感的影响，他发现，村庄民主建设越高，农户主观幸福感越高，但是只对非贫困户的幸福感有影响。另外，环境污染对所有人的影响都是一样的，不受收入、教育等因素的影响。

中国房价高企，拥有房产是否会影响个体的主观幸福感呢？李涛，史宇鹏和陈斌开（2011）的文章研究了家庭自有住房对居民主观幸福感的影响，他首先从模型角度证明流动性约束和预防性储蓄是住房影响主观幸福感的两大重要机制，然后使用2009年“中国城镇居民经济状况与心态调查”的数据发现，只有大产权房才对个体幸福感有显著的正向影响。

还有学者研究污染对幸福感的影响。黄永明和何凌云（2013）使用中国综合社会调查2003年和2006年的数据发现，大气污染显著降低东部地区城镇居民的主观幸福感，但是对西部地区的人们影响不显著。

刘斌、李磊和莫骄（2012）的文章研究了幸福感的外部性。他们使用中国综合社会调查2006年的数据发现，社区其他人的平均幸福感会提高个体的幸福感；他还发现，拥有一套产权房和一份工作可以显著提高个体的主观幸福感。

李后建（2006）的文章研究了婚姻匹配结构对主观幸福感的影响，他使用2006年中国社会综合调查的数据实证发现，夫妻经济条件相当的婚姻模式可以提高主观幸福感，但是职业、社会地位相匹配的婚姻却会恶化幸福感，总体上“门当户对”的婚姻模式并不一定提高主观幸福感。

从以上的分析发现，个人的绝对收入、相对收入及工作状况对主观幸福感有重要的影响；在家庭方面，拥有自有住房会大幅提高个体主观幸福感。政府的治理水平及民生方面的投入、国家经济发展以及稳定的物价水平也可以改善个体主观幸福感。犯罪率上升及污染则会严重降低居民幸福感。

第三章　性别身份认同与已婚女性收入占比

第一节　引言

在中国传统的家庭分工模式中，“男主外、女主内”的观念根深蒂固，即男性负责赚钱养家，女性负责照顾家庭。1968 年，毛泽东提出“妇女能顶半边天”的口号，旨在打破传统男女分工的界限。但是半个世纪过去了，传统性别分工观念仍然普遍存在。2010 年，第三期中国妇女社会地位调查的结果显示：54.8% 的女性和 61.6% 的男性支持“男人应该以社会为主，女人应该以家庭为主”的观点；2014 年，中国家庭追踪调查[①]的数据显示：67.4% 的女性和 69.5% 的男性支持“男人应该以社会为主，女人应该以家庭为主”的观点。

已有研究发现，在婚姻市场中，男性可能更倾向于寻找弱于自己的女性，对女性的外貌更为看重，而对智慧或抱负超过自己的女性并不欣赏（Fisman et al.，2006）。如果女性的收入有机会超过她们的丈夫，她们将会作出何种选择？Bertrand et al.（2015）考察了妻子的劳动收入占夫妻双方收入的比例分布，研究发现，分布在 50% 处，即在妻子与丈夫收入相等处出现显著的下降，呈现出非常明显的断裂。

在标准的婚姻市场模型中，婚姻的产生是男女双方为了共同的生产和消费。根据 Becker（1973，1974）的理论（即所谓的单一决策模型，Unitary

---

① 2014 年中国家庭追中调查的问卷中关于性别分工的问题为：“男人以事业为主，女人以家庭为主”，答案从“1”到“5”分别表示从“非常不同意”到“非常同意”，我们把回答“3”和“4”的归为“同意”的一组。

Model)，夫妻双方作为一个整体进行工作和消费决策，双方发挥各自的比较优势，如果女性的工资更高，则会花更多的时间在工作上，争取更高的家庭收入。而后来的研究者（Chiappori，1988）提出了所谓的集体决策模型（Collective Model），该模型认为，夫妻双方的决策是建立在合作基础上的博弈过程，此时双方的谈判能力显得特别的重要，收入则是影响谈判能力最重要的变量，无论是为家庭还是为了个体，个人都会尽力提高自己的收入。

从家庭决策模型来看，无论是单一决策模型还是集体决策模型，妻子都不可能故意减少自己的收入，因此都无法解释这一现象。一个合理的解释就是性别身份认同影响了妻子的决策。Akerlof 和 Kranton（2000）首次从经济学的角度分析了身份认同对个体行为的影响，他认为，个体身份认同之所以会影响个体行为，是因为个体行为一旦偏离了该群体，他的效用会下降。如果社会上大多数人对女性的认同就是"照顾家庭"，如果妻子的收入超过了自己的丈夫，会违背社会她们的身份认同。

中国是否存在同样的现象呢？根据我们之前的统计，传统的"男主外、女主内"性别身份认同在中国仍然有很高的认同度，如果女性认为自己的主要任务是照顾好家庭，那么她们就会将主要的精力放在家庭上。即使她们的收入有较大的概率超过自己的丈夫，她们仍然会选择工资更少的工作，来降低收入超过丈夫的概率。当然，如果她们受传统性别身份认同的影响较少，则可能会努力工作，争取更高的收入。表现在数据上便是，如果女性的身份认同为"照顾家庭"，则她们的收入占比的分布会在 50% 处出现显著的断裂。因此，我们可以通过检验双收入家庭中女性收入占比的分布在 50% 处是否发生显著的断裂来验证"男主外、女主内"的性别身份认同对双收入家庭中妻子收入占比的影响。

我们安排如下：第三节，我们使用 1989—2011 年中国家庭健康调查、2010—2014 年中国家庭追踪调查、2006 年、2010—2013 年中国综合社会调查和 2005 年全国 1% 人口抽样调查的数据，分析中国城镇和农村双收入家庭中妻子收入占比的情况，并使用 McCrary（2008）文章中的方法对分布在 50% 处的连续性进行检验。第四节我们通过比较收入占比略高于 50% 和略低于 50% 的两类女性的教育回报率，进一步验证女性是否存在故意降低自己收入的情况，并进行了简要的分析。最后一节进行了总结。

第二节　女性收入占比的检验

一、研究方法介绍

McCrary（2008）的文章提出了一种通过检验分布的连续性来检验数据是否存在人为操控的方法，国内外有多篇文章（Martorell 和 McFarlin，2011；Brollo et al.，2013；马光荣、郭庆和旺刘畅，2016）使用该方法进行相关的研究。本书也将使用这种检验双收入家庭中女性的收入比例在 50% 处是否发生断裂。

首先我们定义妻子收入占比 $=\frac{\text{妻子的收入}}{\text{丈夫的收入}+\text{妻子的收入}}$，McCrary（2008）的方法只能处理离散数据，因此我们首先将妻子收入占比进行离散化处理[①]。我们先将（0，1）区间 20 等分[②]，然后将落入区间的样本替换为该区间的中间点。数据的另外一个问题是 50% 处取值过多，我们使用了三角形核函数的方法将取值为 50% 的分配给 20 个区间，具体的分配方法如下：

$$
\begin{cases}
\dfrac{k-1}{\frac{n}{2}\left(\frac{n}{2}-1\right)}, \text{当 } k \leqslant \dfrac{n}{2} \\[2ex]
\dfrac{n-k}{\frac{n}{2}\left(\frac{n}{2}-1\right)}, \text{当 } k > \dfrac{n}{2}
\end{cases}
$$

其中，n 为区间的个数，k 表示第 k 个区间，n 取 20，第 10 个区间的分配比例为 $\frac{10-1}{10\times(10-1)}=0.1$，也就是说，将 10% 的取值为 50% 的样本分配给第 10 个区间。

二、来自 2005 年全国 1% 人口抽样调查数据的证据

本节我们使用 2005 年全国 1% 人口抽样调查的 20% 随机抽样子样本的数

① 因为数据量较大，可以认为是连续性的。

② 事实上，把区间分成 20 份或者 40 份对结果的影响不大，具体的结果参看附录。

据检验双收入家庭中妻子收入占比的分布在50%处是否连续。

2005年全国1%人口抽样调查的数据以全国为总体，以各省、自治区、直辖市为次总体，采取分层、多阶段、整群概率比例的抽样方法。样本量为1 705万人，占全国总人口的1.31%。而2005年1%人口抽样调查20%随机抽样的微观数据包含个体的年龄、职业和收入以及家庭关系的信息，具有非常好的代表性。

本书研究的对象为夫妻双方都工作的双收入家庭，考虑到中国的实际情况，男性的年龄取为16—60岁，女性的年龄取16—55岁。

（一）描述性统计

首先我们分省份对城镇、农村双收入家庭中妻子收入的占比进行统计性的描述分析，具体的结果见表3-1。

表3-1　妻子收入占家庭比例

省份	城镇居民		农村居民	
	样本数	均值	样本数	均值
北京	2 426	0.44	597	0.394
天津	5 331	0.463	1 929	0.428
河北	2 655	0.397	6 579	0.379
山西	3 925	0.409	6 214	0.325
内蒙古	2 467	0.42	3 301	0.434
辽宁	3 131	0.418	3 333	0.386
吉林	2 359	0.443	3 527	0.419
黑龙江	2 579	0.446	3 168	0.418
上海	5 041	0.43	904	0.409
江苏	4 722	0.403	4 343	0.389
浙江	3 554	0.411	2 820	0.369
安徽	3 481	0.399	6 485	0.407
福建	2 093	0.405	2 409	0.356
江西	1 920	0.399	3 926	0.377

续表

省份	城镇居民		农村居民	
	样本数	均值	样本数	均值
山东	6 566	0.39	9 053	0.390
河南	2 696	0.421	7 290	0.427
湖北	3 535	0.414	6 365	0.412
湖南	2 877	0.413	6 061	0.393
广东	16 848	0.424	13 630	0.430
广西	2 039	0.438	4 432	0.452
海南	1 473	0.437	1 870	0.438
重庆	2 356	0.418	3 480	0.435
四川	2 742	0.428	6 896	0.437
贵州	1 665	0.423	5 649	0.433
云南	4 501	0.432	15 217	0.451
西藏	309	0.408	878	0.437
陕西	4 037	0.414	8 711	0.393
甘肃	2 629	0.429	8 399	0.438
青海	949	0.435	2 117	0.439
宁夏	1 181	0.418	1 978	0.409
新疆	1 479	0.449	3 087	0.441
Total	103 566	0.421	154 648	0.4131

数据来源：作者根据 2005 年全国 1% 人口抽样调查 20% 微观数据整理。

描述性统计结果显示：在双收入家庭中，妻子的收入显著低于丈夫的收入，城镇样本中，妻子收入占比的平均值为 42.1%，而在农村样本中，该值为 41.4%；分地区来看，山东省的城镇样本中，妻子的收入占比最小，为 39%，而天津市最高，为 46.3%；农村地区的样本中，山西省的比值最低，为 32.5%，广西壮族自治区的最高，为 45.3%。

（二）收入比例分布的检验

我们使用 McCrary（2008）的方法将城镇、乡村两个样本检验妻子收入比例的分布是否在50%处发生断裂。结果见图3－1和图3－2，其中横轴表示妻子收入的比例，纵轴表示收入占比为x的女性个数占所有女性的百分比，

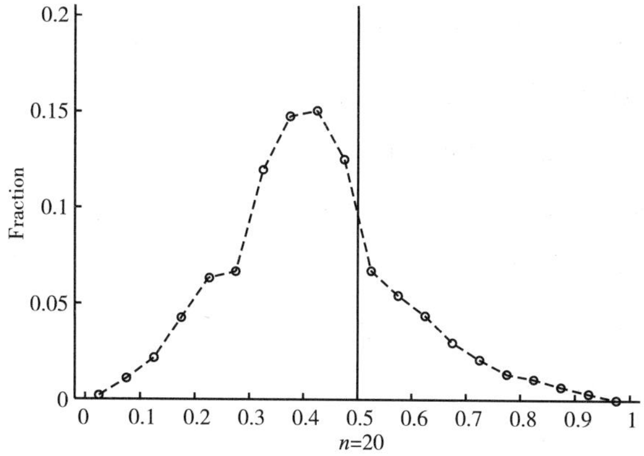

图3－1　城镇样本妻子收入比例的分布

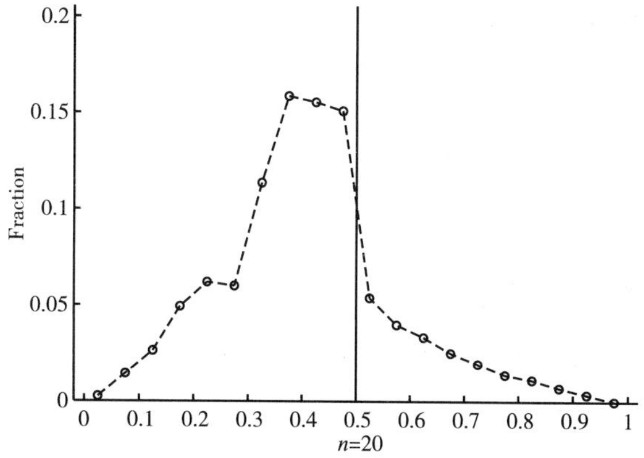

图3－2　农村样本妻子收入比例的分布

检验的结果显示[①]：当 $n=20$ 时，城镇样本的分布在50%处下降了0.71，此时的P值为1.31%；而农村样本在50%处下降了1.15，P值为1.10%[②]。因此，可以认为：无论是城镇还是农村样本，分布都在50%处发生了断裂。

① 数据存在连续性和在50%处取值过多的问题，我们采用了第一节的处理方式。

② 结果表明，当 $n=40$ 时结果几乎没有变化，因此可以认为本方法与 n 的取值没有关系，具体结果可见附录。

三、来自中国健康和营养调查（CHNS）的证据

本节我们使用中国健康和营养调查（CHNS）数据库来研究双收入家庭中妻子收入占比的分布。中国健康和营养调查（China Health and Nutrition Survey，CHNS）是美国北卡罗来纳大学和中国疾病控制中心联合调研的一套数据库。调查从1989年开始，起初调查了辽宁省、江苏省、山东省、河南省、湖北省、广西壮族自治区、贵州共七个省级行政区，随后又在1991年、1993年、1997年、2000年、2004年、2006年、2009年和2011年进行了追踪调查，并且又分别在1997年加入了黑龙江省、在2011年加入了北京市、上海市和重庆市三个直辖市。调查采取分层、整群、随机抽样的方法，每个调查年度共调查农村和城镇住户4 000个左右，涉及家庭成员13 000多个，内容包括住户调查、膳食调查、健康调查和社区调查等多个方面。

数据库的优势在于跨度时间长，从1989年调查至2011年，这样使得我们能够在较长的时间维度上分析妻子收入占比的演化情况。本书研究的对象为夫妻双方都工作的双收入家庭，考虑到中国的实际情况，男性的年龄取16—60岁，女性的年龄取16—55岁。

（一）描述性统计

我们首先对城镇及农村的双收入家庭女性收入占比进行简单的描述性统计分析。

表3－2结果显示：总体来看，1989—2011年我国双收入家庭中妻子的收入占比比较稳定，均值分别为45.0%和44.4%。对于城镇居民而言，比值最高的2004年为45.9%，最低的2009年为43.9%；对于农村居民而言，占比最高的2009年为45.5%，最低的1997年为43.5%。总体而言，城镇双收入家庭妻子的收入占比略高于农村家庭，但差别不大。

表3－2　　妻子收入占家庭比例

年份	城镇居民		农村居民	
	样本数	均值	样本数	均值
1989	476	0.454	356	0.438
1991	657	0.449	403	0.451

续表

年份	城镇居民		农村居民	
	样本数	均值	样本数	均值
1993	539	0.458	415	0.454
1997	584	0.450	347	0.435
2000	530	0.455	460	0.441
2004	457	0.459	1 178	0.447
2006	489	0.447	1 297	0.428
2009	491	0.439	1 322	0.455
2011	932	0.446	1 449	0.448
Total	5 155	0.450	7 227	0.444

数据来源：作者根据 CHNS 数据库整理

（二）收入比例分布的检验

本节我们使用 McCrary（2008）的方法分城镇、乡村两个样本检验妻子收入比例的分布是否在 50% 处发生断裂。结果如图 3－3 和图 3－4，其中横轴表示妻子收入的比例，纵轴表示收入占比为 x 的女性个数占所有女性的百分比。

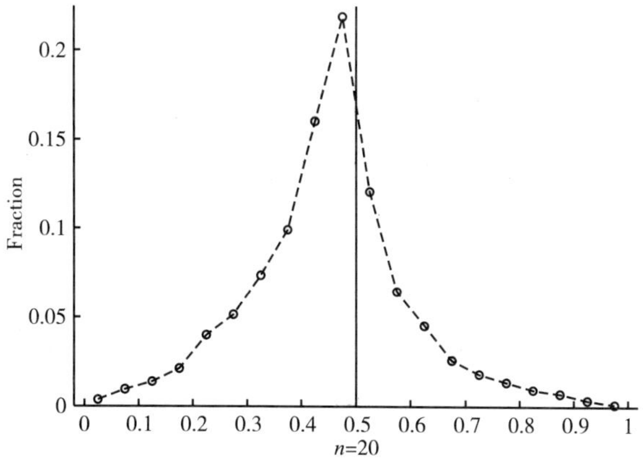

图 3－3　城镇妻子收入比例的分布

连续性检验结果表明：城镇样本的分布在 50% 处下降了 0.67，P 值为 4.37%，农村样本的分布在 50% 处下降了 0.35，P 值为 3.82%。因此，我们

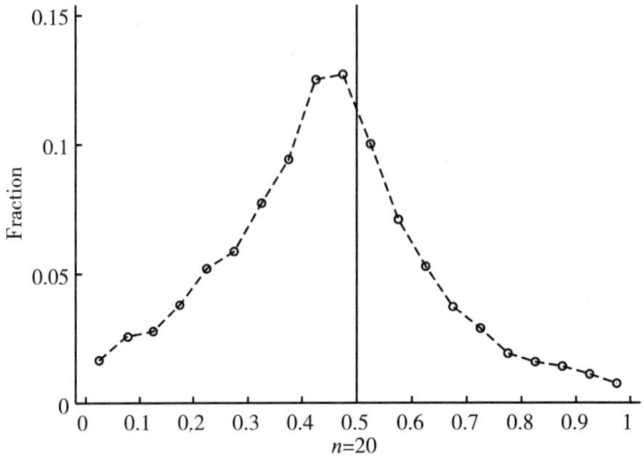

图 3-4　农村妻子收入比例的分布

可以认为：无论是城镇还是农村样本，分布都在50%处发生了断裂。

四、来自中国家庭追踪调查（CFPS）的证据

本节我们使用中国家庭追踪调查（CFPS）2010—2014年数据计算双收入家庭中妻子收入的占比，并且使用McCrary（2008）文章中的方法检验妻子收入的分布在50%的连续性。

“中国家庭追踪调查（CFPS）”是北京大学中国社会科学调查中心（ISSS）实施的项目。样本覆盖了25个省、直辖市、自治区的16 000户家庭，数据包括个体、家庭、社区三个层次，可以视为一个全国代表性样本。在抽样方式上，CFPS采用内隐分层的、多阶段、多层次、与人口规模成比例的概率抽样方式，数据具有较好的代表性。

我们使用的样本的调查年份分别为2010年、2012年和2014年，数据较为新颖，可以为我们提供最新证据。本书研究的对象为夫妻均工作的双收入家庭，男性的年龄为16—60岁，女性的年龄为16—55岁。

（一）描述性统计

我们首先分城镇和乡村两个样本对妻子收入占比进行基本的统计，结果见表3-3。

表 3-3　妻子收入占家庭比例

年份	城镇居民		农村居民	
	样本数	均值	样本数	均值
2010	2 952	0. 400	3 276	0. 353
2012	1 337	0. 403	1 143	0. 365
2014	1 357	0. 381	822	0. 401
Total	5 576	0. 397	5 241	0. 363

数据来源：作者根据 CFPS 数据库整理

平均来看，城镇样本中妻子的比例均值为 39. 7%，农村样本妻子收入比例的平均值为 36. 3%，因此城镇样本中妻子的收入比农村样本高 3. 4%；但在 2014 年样本中，城镇样本中妻子收入占比为 38. 1%，小于农村样本的 40. 1%。

（二）收入比例分布的检验

我们继续使用 McCrary（2008）文章的方法，分城镇和农村样本检验双收入家庭中妻子收入占比的分布在 50% 处的下降幅度及显著性[①]，具体结果见图 3-5 和图 3-6。

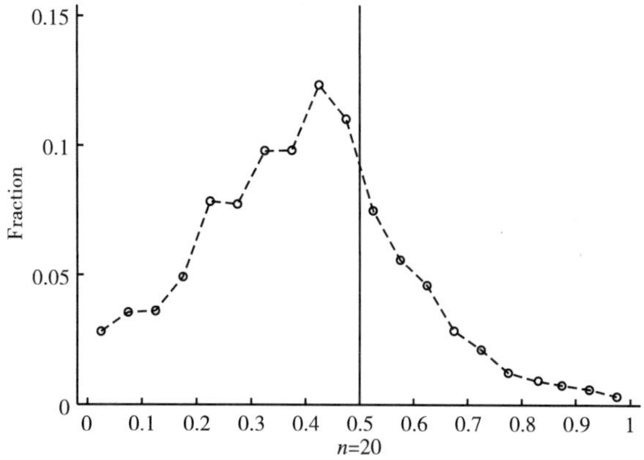

图 3-5　城镇妻子收入比例的分布

① 我们使用了和第二节中一样的方法处理样本的连续性以及 50% 处取值过多的问题。

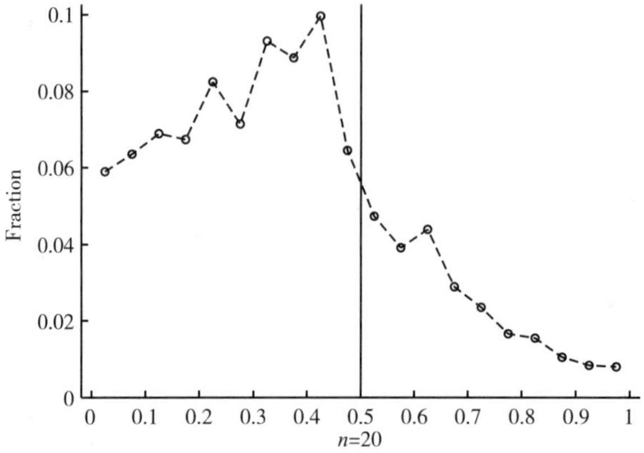

图 3－6　农村妻子收入比例的分布

我们发现：城镇样本的分布在 50% 处下降了 0.49，P 值为 4.78%；农村样本的分布在 50% 处下降了 0.43，P 值为 7.06%[①]。检验结果表明，分布在 50% 处发生了明显的断裂。

五、来自中国综合社会调查（CGSS）的证据

本节使用中国综合社会调查（CGSS）2006 年、2010—2013 年的数据检验双收入家庭妻子收入比例的分布在 50% 的连续性。

中国综合社会调查始于 2003 年，每年对中国大陆各省、自治区和直辖市的 10 000 多户家庭进行调查，数据包含了个人的年龄、收入等信息，因此可用于本书的研究。因为部分年份的数据未包含配偶的收入，因此我们选择 2006 年、2010—2013 年的样本，考虑到本书的研究对象及中国的实际情况，男性的年龄取 16—60 岁，女性的年龄取 16—55 岁。

（一）描述性统计

我们首先分年份对城镇、农村双收入家庭中女性的收入占比进行简单的统计分析，结果见表 3－4。

① 我们在附录中给出了 $n=40$ 时的情况，其结果与 $n=20$ 类似。

表 3－4　　　　　　　　妻子收入占家庭比例

年份	城镇居民		农村居民	
	样本数	均值	样本数	均值
2006	2 543	0. 408	2 553	0. 38
2010	2 573	0. 423	2 002	0. 377
2011	1 068	0. 421	1 081	0. 376
2012	2 503	0. 414	1 931	0. 372
2013	4 688	0. 412	3 498	0. 375
Total	13 375	0. 414	11 065	0. 376

数据来源：作者根据 CGSS 数据库整理

结果显示：城镇样本中妻子收入占家庭总收入的比例均值为 41. 4%。其中 2006 年最低为 40. 8%，2011 年最高为 42. 3%，近年来结果已经稳定在 41% 左右。而农村样本中，妻子收入低于城市，为 37. 6%，而且各年的比例较稳定。城镇样本收入中女性收入比例略高于农村样本，和之前数据库的结论一致。

（二）收入比例分布的检验

接着，我们检验妻子收入占比的分布是否在 50% 处连续。通过 McCrary（2008）的方法，我们分城镇和农村样本考察双收入家庭中妻子比例的分布在 50% 处的连续性及显著性①，具体结果见图 3－7 和图 3－8。

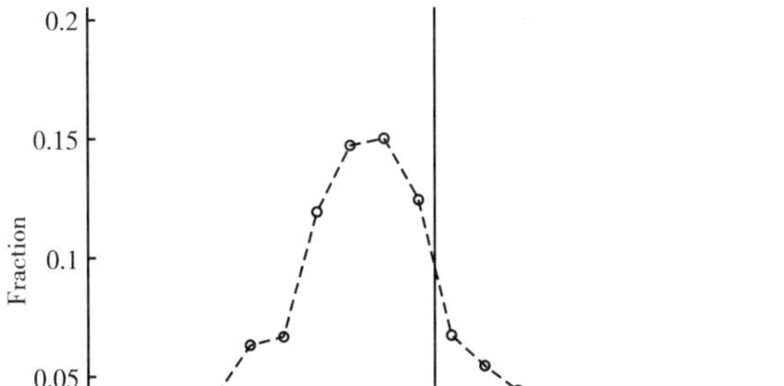

图 3－7　城镇妻子收入比例的分布

① 我们使用第一节的方法对数据的连续性及 50% 处取值过多的问题进行处理。

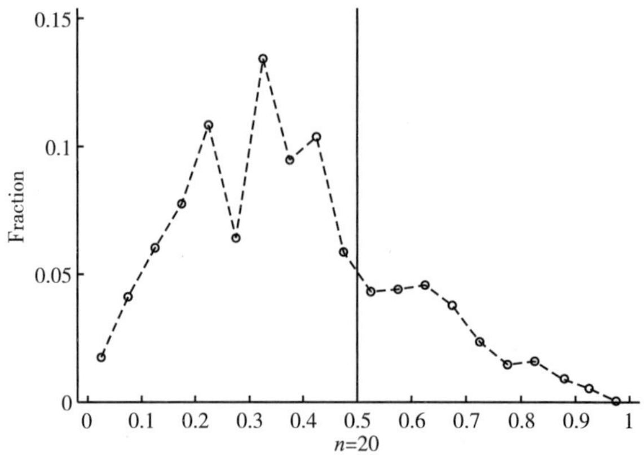

图 3－8　农村妻子收入比例的分布

结果表明：城镇样本的分布在 50% 处下降了 0. 53，P 值为 4. 25%；农村样本的分布在 50% 处下降了 0. 37，P 值为 4. 93%[①]，检验结果表明：分布在 50% 处发生了明显的断裂。

第三节　进一步论证

上一节我们使用数据检验发现：双收入家庭中妻子收入占比的分布在 50% 处发生断裂。可能的原因有两种：一种是妻子降低自己的收入，避免工资超过丈夫；另一种可能是那些工资大概率低于女性的男性婚姻匹配成功率较低？如果仅仅是第二种原因导致的分布断裂，女性不存在降低自己工资的行为，控制其他条件之后，同样教育水平的个体会有同样的工资，所有女性的教育回报率应该是一样的。因此，我们可以通过比较收入占比略低于 50% 和略高于 50% 的两类女性的教育回报率识别出是否存在第一种原因。

本节选取 2005 年 1% 人口抽样调查的微观数据库进行研究。研究对象为双收入家庭中 16—55 岁女性，其中收入占比 45%—50% 为一组，占比 50%—55% 的为另外一组[②]，通过比较这两组个体的教育收益率的大小检验前文的猜测。

① 我们在附录中给出了 $n=40$ 时的情况，其结果与 $n=20$ 类似。

② 我们还选择了 40%—50% 和 50%—60% 的进行了稳健性分析。

我们采用 Mincer 工资方程估计回报率：

$$\ln(wage) = \beta_0 + \beta_1 \times edu + \beta_2 \times edu \times gy + \beta_3 \times exp + \beta_4 \times exp^2 + \beta_5 \times X + \varepsilon_i \tag{3.1}$$

其中，Wage 为个人小时工资，edu 为教育年限①，gy 表示收入占比为 45%—50% 的女性。exp 表示工作经验，计算方法为年龄—教育年限—6，X 表示其他的控制因素，参考常进雄和赵海涛（2016）的研究，X 的选取包括省份虚拟变量、户籍虚拟变量。我们首先分两个样本进行了回归，然后又引入虚拟变量进行比较，结果见表 3－5。

表 3－5　　　　　　　　　工资方程估计结果

	工资方程		
	45%—50% 样本	50%—55% 样本	两个样本的比较
教育年限	0.0476*** (0.00119)	0.0626*** (0.00218)	0.0553*** (0.00166)
45%—50% 样本			-0.0635*** (0.0157)
45%—50% 样本 × 教育年限			-0.00557*** (0.00166)
经验	0.00450** (0.00191)	0.000432 (0.00327)	0.00335** (0.00165)
经验的平方	-5.79e-05 (4.11e-05)	-5.61e-05 (7.29e-05)	-3.20e-05 (3.57e-05)
城镇户籍	0.762*** (0.0107)	0.647*** (0.0178)	0.731*** (0.00919)
省份	控制	控制	控制
常数	0.673*** (0.0491)	0.663*** (0.0689)	0.719*** (0.0419)
Observations	28 235	8 046	36 281
R-squared	0.499	0.580	0.531

注：括号内为稳健标准误：*** $p<0.01$，** $p<0.05$，* $p<0.1$。

① 2005 年 1% 人口抽样调查的数据只有调查对象的学历，我们按照文盲取教育年限为 0，小学教育年限为 6，初中为 9，高中为 12，大专为 15，本科为 16，研究生及以上为 19 进行了转换。

回归结果显示：两个样本的教育回报率分别为 4.76% 和 6.26%，引入虚拟变量的回归结果表明，45%—50% 区间段样本的教育回报率比 50%—55% 的样本少 0.635%，这表明收入在 45%—50% 区间的女性的教育回报率低于 50%—55% 区间段的女性。为了验证结论的稳健性，我们按照 40%—50% 和 50%—60% 的分组方式进行比较[①]，得到的结论是类似的。这说明，确实存在女性故意减少自己的工资以避免收入高于丈夫的现象。

传统的家庭决策理理论无法解释这一现象。单一决策理论认为，夫妻作为一个整体，他们发挥各自的比较优势，妻子是不会故意降低自己的工资的。而集体决策理论中，工资是影响资源分配能力的重要因素，妻子也不会故意降低自己的收入。而性别身份认同恰好提供了一个可能的解释，“男主外、女主内”的性别身份认同下，女性收入是不应该超过男性的，这一行为规范导致已婚女性故意降低自己的收入，防止自己的收入超过丈夫。

第四节　本章小结

2010 年第三期中国妇女社会地位调查和 2014 年中国家庭追踪调查的数据显示，超过一半的男性和女性认同“男主外、女主内”的传统模式。在这样的身份认同模式下，男性应该赚更多的钱，女性应该做更多的家务，如果性别分工成立，我们应该能够看到在双收入家庭中，妻子收入的分布在 50% 处是不连续的。

为了检验这一现象，我们使用 McCrary（2008）的方法，利用中国健康和营养调查（CHNS）、中国家庭追踪调查（CFPS）、中国综合社会调查（CGSS）和 2005 年全国 1% 人口抽样调查四个数据库的数据，对双收入家庭中妻子收入占比的分布在 50% 处的连续性进行了检验。对四个样本的检验都得到了一致性的结果：无论是城镇样本还是农村样本，妻子收入占比的分布在 50% 处发生较大程度的下降，并且是显著的。这四个样本无论是从时间跨度还是地区分布，都具有较强的代表性，因此得到的结论是令人信服的。

---

① 结果见附录。

我们还使用2005年1%人口抽样调查数据比较收入占比略低于50%和略高于50%的女性的教育回报率，结果发现，收入占比略低于50%的女性群体的教育回报率显著低于收入占比略高于50%群体，这一发现进一步佐证女性可能存在故意降低自己的收入以避免收入超过丈夫的现象。

现有的家庭决策模型无法解释上述现象。经典的单一决策理论认为，夫妻双方作为一个整体进行决策，发挥各自的比较优势，因此，如果妻子在收入上有比较优势，则会投入更多的时间到工作上去，争取更高的收入，肯定不会出现妻子收入占比的分布在50%处出现显著的下降的现象。而集体决策模型认为夫妻之间存在着一个博弈的过程，双方为了提高自己的博弈能力，都会尽量提高自己的收入。

一个合理的解释是性别身份认同导致夫妻之间避免出现妻子收入超过丈夫的情况。Akerlof和Kranton（2000）的文章中用经济学的方法分析了身份认同的影响，他们认为，特定的身份会导致特定的行为。我们看到，传统的“男主外、女主内”的性别身份认同仍然是主流，在这样的性别身份认同中，女性收入是不应该超过男性的，这一行为规范导致已婚女性故意降低自己的收入，防止收入超过丈夫。因此，出现妻子收入占夫妻收入的比例在50%处发生断裂的现象。本书为研究女性工资提供了新的视角，也为身份认同影响个体行为提供了一个证据。

第四章　性别身份认同对已婚女性劳动供给与工资的影响

第一节　引言

女性劳动供给[①]和性别工资差异[②]一直是学术界关心的问题。在人口老龄化及少子化的现状下，研究女性的劳动供给显得非常重要，根据2013年《中国性别平等与妇女发展》介绍，全国女性就业人数为3.46亿，占总就业人数的45%，而整体上女性就业率在70%左右（《2016中国劳动力市场发展报告》）；同时，女性就业率还呈现下降趋势（Han和Zhang，2010），如何提高女性就业率发挥“性别红利”，成为经济“新常态”下的一个重要任务。

性别工资差异事关男女平等，联合国也将“男女平等”列为工作的重点。尽管男女在人力资本上存在差异，但主流文献认为[③]，针对女性的歧视才是性别工资差异产生的主要原因，工资平等作为“男女平等”的重要方面，显得格外重要。学者们（卢晶亮和冯帅章，2015；何泱泱、刘国恩和徐程，2016）还发现，近年来，性别工资差异有扩大的趋势。

学者们关于女性劳动力供给和性别工资差异的研究有很多，我们将对其进行简单的回顾。首先，我们对女性就业的文献进行简单回顾。姚先国和谭岚（2005）的文章发现，受教育程度是影响城镇女性就业的重要因素，总体来讲，受教育程度越高，女性的劳动参与率越高。还有学者研究了照料老人和小

① 姚先国和谭岚，2005；马双、邓雪莲和蔡栋梁，2017。
② 王美艳，2005；李实、宋锦和刘小川，2008。
③ 王美艳，2005；李实和马欣欣，2006；葛玉好和曾湘泉，2011。

孩对女性劳动供给的影响。黄枫（2012）发现，照料老人降低女性的劳动参与率。熊瑞祥和李辉文（2016）的文章发现，照料小孩对农村女性的非农劳动供给有显著负向影响。还有学者从家庭结构（沈可、章元和鄢萍，2012）、子女个数（张川川，2011）、最低工资法（马双、邓雪莲和蔡栋梁，2017）等方面对女性劳动供给进行了研究。

接下来，我们对性别工资差异的相关研究进行了简要的梳理。学者们认为，对女性的歧视是造成性别工资差异的主要原因。王美艳（2005）发现，人力资本的差异只能解释总体工资差异的6.95%，剩下的部分主要是性别歧视造成的。李实和马欣欣（2006）发现，个人特征只能解释20.5%的性别工资差异，剩下的79.5%来自对女性的歧视。葛玉好和曾湘泉（2011）发现，对低工资群体的性别歧视大于高工资群体。还有学者研究了其他因素对性别工资差异的影响，如市场化程度（张丹丹，2004）、贸易开放（刘斌和李磊；2012）和劳动力市场的制度（毛学峰，刘靖和张车伟，2016）等，这里不再赘述。

在前面讲到，双收入家庭中妻子收入占比的分布在50%处存在显著的下降，我们认为是性别身份认同造成了这一现象。Akerlof 和 Kranton（2000）认为：身份认同会影响个体的行为。部分学者研究了性别观念与劳动参与的关系，Fortin（2005）使用25个OECD国家超过10年的数据发现：越是认同“男主外、女主内”的性别分工模式，女性工作参与率越低、性别收入差距越大。Fortin（2015）使用1977—2006年美国的数据发现：性别角色的态度变化与女性的工作参与率有紧密的联系。Bertand 等（2015）的文章分析，“男人应该挣更多的钱”对女性劳动参与以及工资有负面的影响。那么，在中国又是怎样的情况呢？

中国的传统性别观念是“男主外、女主内”。通过对比2000年和2010年中国妇女社会地位调查以及2014年中国家庭追踪调查[①]，我们发现：无论男

① 2000年第三期中国妇女社会地位调查的结果显示：50.4%的女性和53.9%的男性支持“男人应该以社会为主，女人应该以家庭为主”的观点；2010第三期中国妇女社会地位调查的结果显示：54.8%的女性和61.6%的男性支持“男人应该以社会为主，女人应该以家庭为主”的观点。2014年，中国家庭追踪调查的数据也表明：63%的男性和59.8%的女性认同“男人以事业为主，女人以家庭为主”的性别分工模式。

女，对“男主外、女主内”的性别分工模式都是越来越认同。同时，我国女性的劳动参与率呈下降趋势。那么是否可以猜测传统的身份认同导致女性就业下降呢？除了对劳动供给的影响以外，“男主外、女主内”身份认同又会对已婚女性的工资行为产生怎样的影响呢？是否会和我们在上一节的发现一样，存在故意减少工资的行为？

接下来的安排如下：第二节对文章数据库进行简单介绍和计算概率的方法，第三节考察性别身份认同对已婚女性劳动力供给和工资的影响；第四节利用中国家庭追踪调查（CFPS）2014 年的数据进一步考察女性的性别身份认同对她们劳动参与和工资的直接影响；第五节进行总结。

第二节　数据介绍

一、数据来源

本节使用 2005 年 1% 人口抽样调查的 20% 随机微观抽样样本进行实证研究。该数据库以全国为总体，以各省、自治区、直辖市为次总体，采取分层、多阶段、整群概率比例的抽样方法。最终样本单位为调查小区。调查样本量为 1 705 万人，占全国总人口的 1.31%。数据库既包括性别、年龄、教育和婚姻状况等个人基本信息，也包括就业状态、工作时间、工资等数据，其观测的样本覆盖范围大，具有极强的代表性，因此适合用于本书的研究。

考虑到本书研究的目的，我们选择已婚的个体为研究对象，男性的年龄为 22—60 岁，女性为 20—55 岁。另外，我们选取男性工作的样本。经过整理，一共得到 329 495 对夫妻的数据。

二、概率计算方法介绍

本书的目的是研究性别身份认同对已婚女性的劳动供给和工资的影响，具体来讲，就是检验已婚女性的工资超过自己丈夫的概率对她们的劳动参与决策及工资的影响，因此我们首先要计算出妻子工资超过丈夫的概率。这里我们将对计算方法进行简单的介绍。我们按照教育程度、年龄、居住地和户口性质对女性进行分组①，然后计算妻子所在的小组的分位数工资大于丈夫的概率，计算公式如下：

$$Prob_i = \frac{1}{19} * \left\{ \sum_{p=5}^{95} 1(w_{g,i}^{p} > w_{h,i}) \right\} \tag{4.1}$$

其中，$w_{g,i}^{p}$表示第 i 对夫妻中妻子所在的分组 g 的 p 分位数的工资，这里 $p=5, 10, \cdots\cdots 95$，$w_{h,i}$是丈夫的工资。$1(w_{g,i}^{p} > w_{h,i})$ 表示示性函数，若$w_{g,i}^{p} > w_{h,i}$，则取1，否则取0，值得注意的是，无论该女性是否工作，我们都使用该女性的潜在工资，因为对于工作的女性，她们可能存在故意减少自己工资的行为。

第三节　计量模型及结果

一、性别身份认同对女性劳动参与的影响

本小节我们考察性别身份认同对已婚女性劳动参与的影响。传统的“男主外、女主内”的分工模式，丈夫的主要责任是赚钱，妻子的主要责任是照顾好家庭，挣钱从来就不是妻子的主要责任。如果妻子的工资超过丈夫的概率较大，为了避免出现这样的事情，她们是否更有可能退出劳动力市场，不再参加工作呢？为了验证这个问题，我们使用回归模型（4.1）构建的妻子工资超过丈夫的概率，考察它对女性劳动参与率的影响。回归模型见（4.2）：

$$work_i = \beta_0 + \beta_1 \times Prob_i + \beta_2 \times X_i + \varepsilon_i \tag{4.2}$$

当第 i 对夫妇中妻子参加工作时 $work_i$ 取1，否则为0。我们考虑线性概率模型：其中，$Prob_i$ 表示第 i 对夫妻中妻子收入大于丈夫的概率，为本书考察的核心变量；X_i 为其他的控制变量。基本回归中的控制变量包括了夫妻双方各自的年龄、年龄的平方②、教育水平、户口性质以及丈夫工资的对数值以及省份

① 教育和年龄分别代表一个人的人力资本和经验积累程度，对工资的影响很大。而居住地的经济发展水平对个体的工资有较大的影响，因此也需要纳入考虑的范围。在我国，工资户籍歧视现象始终存在（万海远和李实，2013；章莉等2014；常进雄和赵海涛，2016），在考虑影响工资的因素时，户口性质也不容忽视。其中，年龄以3岁为一段分组，教育分为文盲半文盲、小学、初中、高中与中专、大专、本科、研究生及以上；居住地以市为单位；户口分为农业户口与非农户口。

② 加入年龄的平方是因为女性的劳动参与率呈倒“U”型（吴伟平，章元和刘乃全，2016）。

虚拟变量，所有回归都以妻子的工资组做了聚类分析（见表 4－1）。

表 4－1　　工作参与方程

	基本回归	回归（2）	回归（3）	回归（4）
妻子工资高于丈夫的概率	－0.200 *** （0.00616）	－0.197 *** （0.00640）	－0.203 *** （0.00571）	－0.200 *** （0.00565）
丈夫的工资的对数	－0.161 *** （0.00280）	－0.124 *** （0.0125）	－0.140 *** （0.0147）	－0.149 *** （0.0147）
妻子的年龄	0.0407 *** （0.00184）	0.0406 *** （0.00185）	0.0404 *** （0.00185）	0.0402 *** （0.00182）
妻子年龄的平方/100	－0.0506 *** （0.00241）	－0.0505 *** （0.00242）	－0.0503 *** （0.00243）	－0.0508 *** （0.00238）
妻子的户口	－0.0747 *** －0.0506 ***	－0.0752 *** －0.0505 ***	－0.0775 *** －0.0503 ***	－0.0758 *** －0.0508 ***
妻子的教育程度	0.0476 *** （0.00189）	0.0471 *** （0.00192）	0.0463 *** （0.00177）	0.0423 *** （0.00177）
丈夫的年龄	0.00492 *** （0.00144）	0.00493 *** （0.00144）	0.00492 *** （0.00144）	0.00386 *** （0.00142）
丈夫的年龄的平方/100	－0.00893 *** （0.00169）	－0.00891 *** （0.00169）	－0.00890 *** （0.00169）	－0.00623 *** （0.00165）
丈夫的户口	－0.121 *** （0.00466）	－0.121 *** （0.00467）	－0.122 *** （0.00472）	－0.119 *** （0.00469）
丈夫的教育程度	0.0176 *** （0.00115）	0.0179 *** （0.00115）	0.0178 *** （0.00113）	0.0166 *** （0.00112）
丈夫对数工资的平方		－0.00293 *** （0.000967）	－0.00285 *** （0.000967）	－0.00227 ** （0.000958）
$\ln(w_{g,i}^{50}) \times \ln(w_{h,i})$			0.00216 ** （0.00110）	0.00201 * （0.00112）
健康水平				Yes
妻子工作组十分位工资	Yes	Yes	Yes	Yes
省份	Yes	Yes	Yes	Yes

续表

	基本回归	回归（2）	回归（3）	回归（4）
常数	0.924*** （0.0340）	0.809*** （0.0483）	0.842*** （0.0499）	0.914*** （0.0493）
Observations	326 927	326 927	326 927	326 927
R - squared	0.135	0.135	0.135	0.162

注：括号内为稳健标准误：*** $p<0.01$，** $p<0.05$，* $p<0.1$，所有的回归以妻子工作组进行了聚类分析。

基本的回归结果表明；妻子的工资超过丈夫工资的概率每增加1%，她们参加工作的概率就减少0.2%。由此可见，妻子工资超过丈夫的概率越高，她们参加工作的概率越低，这表明妻子为了避免工资超过丈夫而不工作的现象是存在的。回归的其他控制变量的系数和多数研究是一致的，如受教育水平越高，参加工作的概率越大（姚先国和谭岚，2005），女性年龄的系数为正，年龄平方的系数为负，与吴伟平、章元和刘乃全（2016）的结论是一致的。

事实上，丈夫的工资对妻子的劳动参与决策可能存在一个非线性的影响，当丈夫的收入超过某个值之后，妻子可能不会参加工作，为此我们在回归（2）中加入了“丈夫对数工资的平方”这一项，回归结果验证了我们的这一猜测，丈夫工资的平方项前系数为正。此时，β_1 的大小仍然与基本回归接近。考虑到妻子潜在工资的中位数可能会和丈夫工资产生交互作用，回归（3）在回归（2）的基础上加入妻子潜在工资的中位数和丈夫工资的乘积项，β_1 的系数仍与基本回归的接近。最后，考虑到健康水平会影响个体的劳动参与决策，在回归（4）中我们引入了健康水平，β_1 的系数仍然没有变化。回归（2）、回归（3）、回归（4）的结果表明我们的回归是稳健的。

回归结果不仅在统计意义上是显著的，在经济学意义上也是如此，我们看到，妻子工资大于丈夫的概率每增加1%，她们的劳动参与的概率就降低0.2%。这表明，妻子工资超过丈夫的概率越大，她们退出劳动力市场的可能性越大。新古典的理论无法解释这一现象。因为按照新古典的单一决策模型（Unitary Model），夫妻作为一个整体，都会选择最大化整体的工资。集体决策模型（Collective Model）同样无法解释这一现象，因为妻子为了提高自己的谈判能力，她们获得更高工资的概率越大，工作概率会更大。性别身份认同可以较好的解释这一现象，当多数人认同“男主外、女主内”的性别分工模式时，人们会避免违背这一模式，对女性而言，她们会避免自己工资超过丈夫。

二、性别身份认同对已婚女性工资的影响

前文我们分析，女性的工资超过她们丈夫的概率越大，她们退出劳动市场的概率越大。但是退出劳动力市场的代价太大，许多家庭承受不起，退而求其次，许多女性可能会选择工资少的工作，这样既可以缓解家庭的经济压力，也与自己的身份认同相符。本节我们分析性别身份认同对女性工资的影响，具体来讲，妻子的工资超过自己丈夫的概率越大，她们的工资与潜在工资的差距越大，她们可能会为了避免自己的工资超过丈夫而故意选择低工资的工作。

本节我们的研究对象为处于工作状态的已婚女性，首先我们定义她们的实际工资与潜在工资之间的差距，表达式为：

$$Incgap_i = \frac{income_i - pincome_i}{pincome_i}$$

其中，$income_i$表示第 i 对夫妻中妻子的收入，$pincome_i$表示这个妻子所在的工资组的中位数工资，回归方程如下

$$Incgap_i = \beta_0 + \beta_1 \times Prob_i + \beta_3 \times X_i + \varepsilon_i \tag{4.3}$$

基本回归模型的控制变量包括了夫妻双方各自的年龄、年龄的平方、教育水平、户口性质以及丈夫工资的对数值以及省份虚拟变量，所有的结果都在妻子工资组水平上进行聚类分析，回归结果见表 4－2。

表 4－2　　实际工资与潜在工资的差异

	基本回归	回归（2）	回归（3）	回归（4）
工资高于丈夫的概率	－0.249*** (0.0141)	－0.275*** (0.0122)	－0.130*** (0.0158)	－0.130*** (0.0158)
丈夫的工资的对数	0.376*** (0.00821)	0.0278 (0.0329)	0.395*** (0.0347)	0.393*** (0.0347)
妻子的年龄	－0.00713*** (0.00225)	－0.00582*** (0.00222)	－0.00407* (0.00213)	－0.00406* (0.00213)

续表

	基本回归	回归（2）	回归（3）	回归（4）
妻子年龄的平方/100	0.0124*** (0.00278)	0.0109*** (0.00275)	0.00778*** (0.00264)	0.00771*** (0.00264)
妻子的户口	-0.0613*** (0.00540)	-0.0580*** (0.00531)	-0.00876* (0.00508)	-0.00844* (0.00508)
妻子的教育程度	-0.0439*** (0.00236)	-0.0396*** (0.00236)	-0.0201*** (0.00193)	-0.0204*** (0.00193)
丈夫的年龄	-0.00803*** (0.00223)	-0.00814*** (0.00222)	-0.00795*** (0.00219)	-0.00817*** (0.00219)
丈夫的年龄的平方/100	0.00859*** (0.00260)	0.00850*** (0.00259)	0.00836*** (0.00256)	0.00876*** (0.00256)
丈夫的户口	-0.0454*** (0.00619)	-0.0452*** (0.00615)	-0.0265*** (0.00591)	-0.0259*** (0.00591)
丈夫的教育程度	-0.000265 (0.00185)	-0.00350* (0.00189)	-0.000951 (0.00182)	-0.00106 (0.00182)
丈夫对数工资的平方		0.0280*** (0.00311)	0.0271*** (0.00307)	0.0272*** (0.00307)
$ln(w_{g,i}^{50}) \times ln(w_{h,i})$			-0.0494*** (0.00264)	-0.0495*** (0.00264)
健康水平				Yes
妻子工作组十分位工资	Yes	Yes	Yes	Yes
省份	Yes	Yes	Yes	Yes
常数	-1.757*** (0.0528)	-0.701*** (0.0941)	-1.446*** (0.0958)	-1.433*** (0.0959)
Observations	260 831	260 831	260 831	260 831
R - squared	0.209	0.211	0.220	0.220

注：括号内为稳健标准误：*** $p<0.01$，** $p<0.05$，* $p<0.1$，所有的回归在妻子工作组的水平进行了聚类分析。

从基本回归的结果看到，妻子的工资高于丈夫的概率每提高1%，她的工资就比潜在工资低0.249%，回归（2）控制丈夫对数工资的平方，结果变成-0.275%。回归（3）继续控制妻子中位数工资和丈夫对数工资的交互项，β_1 的

估计值为 -0.13%，回归（4）控制了健康水平，β_1 的估计值与回归（3）的一样。以上结果表明：回归结果是稳健的，确实存在妻子故意选择低工资的现象。如前一小节的分析，传统的集体决策和单一决策模型都无法解释这一现象，只有性别身份认同的才能进行合理解释。

三、内生性问题

前面的分析可能存在不可观测因素导致的内生性问题。如有些高学历的女性，因为对自己没信心，嫁给低学历或者低收入的男性，她们退出劳动力市场或者选择工资低于自己潜在工资的概率会更大。为了解决这个问题，我们采用了一种新的方法计算女性大于男性工资的概率。此时我们不直接使用男性的工资，而是使用男性所在的工资组的分位数工资代替①。具体的计算方法如下：

$$Prob_i = \frac{1}{19} * \frac{1}{19} * \left\{ \sum_{p=5}^{95} \sum_{q=5}^{95} 1(w_{g,i}^{p} > w_{g,h,i}^{q}) \right\} \tag{4.4}$$

其中，$w_{g,h,i}^{q}$ 表示丈夫所在的工作组的 q 分位数的工资，$1(w_{g,i}^{p} > w_{g,h,i}^{q})$ 为示性函数，通过比较妻子和丈夫所在的工资组的分位数工资来计算妻子工资高于丈夫的概率，可以剔除直接使用丈夫的工资带来的影响，从而解决内生性问题。

表 4-3　　工具变量

	Work	Incgap
工资高于丈夫的概率	-0.0909*** (0.0271)	-0.0387** (0.0185)
丈夫的工资的对数	-0.262*** (0.00675)	0.0157** (0.00637)
妻子的年龄	0.0384*** (0.00183)	-0.00740*** (0.00227)

① 男性工作组的分类方式与女性的类似，都是按照年龄、受教育程度、居住地以及户口性质分组。其中，年龄以3岁为一组，教育分为文盲半文盲、小学、初中、高中与中专、大专、本科、研究生及以上；居住地以市为单位；户口分为农业与非农户口。

续表

	Work	Incgap
妻子年龄的平方/100	-0.0487*** (0.00241)	0.0138*** (0.00280)
妻子的户口为农业	-0.0831*** (0.00519)	-0.0562*** (0.00481)
妻子的教育程度	0.0314*** (0.00187)	-0.0286*** (0.00165)
丈夫的年龄	0.00364** (0.00141)	0.00193 (0.00247)
丈夫的年龄的平方/100	-0.00519*** (0.00164)	-0.00774*** (0.00288)
丈夫的户口为农业	-0.0970*** (0.00509)	0.0572*** (0.00616)
丈夫的教育程度	0.0414*** (0.00163)	0.0415*** (0.00238)
家庭规模	-0.00595*** (0.000674)	-0.00888*** (0.00135)
健康水平	Yes	Yes
丈夫工作组十分位工资	Yes	Yes
妻子工作组十分位工资	Yes	Yes
省份	Yes	Yes
Constant	1.636*** (0.0478)	-0.0348 (0.0448)
Observations	327 227	261 094
R - squared	0.150	0.008

注：括号内为稳健标准误；***：$p<0.01$，**：$p<0.05$，；*$p<0.1$，所有的回归以妻子工作组水平进行了聚类分析。

除了加入了家庭规模外，其他回归控制变量的选取和上节是一样的，这里不再赘述。从回归结果来看：妻子的工资超过丈夫的概率每上升10%，她们参加工作的概率就下降0.9%，而她们的工资低于潜在工资的百分比则下降0.3%。这里，丈夫的工资使用他所在工资组的平均工资代替。无论是从统计学角度还是经济学角度，结果都是显著的。

以上的回归结果都表明，为了避免自己工资超过丈夫，女性确实存在故意不参加工作或者选择低工资工作的现象。无论是单一决策模型还是集体决策模型，都无法解释这一行为，只有性别身份认同可以提出合理的解释。这一发现为身份认同影响个人行为提供了新的证据。多数文献是从歧视角度研究女性劳动供给和性别工资差异的，我们的研究表明，性别身份认同也可能对此造成影响。

第四节　进一步探讨

上一节我们分析了性别身份认同对已婚女性劳动力的劳动参与和工资的影响。结果表明：女性的收入超过男性的概率越大，她们退出劳动力市场的概率越大，即使她们留在劳动力市场，也会选择较低的工资。这一结果也验证了我们的判断：性别身份认同会对个体的行为造成影响。

本小节我们使用CFPS2014年数据进一步探讨了性别身份认同对个体行为的影响。CFPS2014年的问卷包含了性别身份认同的问题："男女分工：男人以事业为主，女人以家庭为主"，答案从"1"到"5"，代表从"非常不同意"到"非常同意"。如果女性认同传统的男女分工，她会认为赚钱养家主要是丈夫的责任，自己的主要任务是照顾好家庭，因此她参加劳动的概率会降低，即使仍然工作，她也会选择工资相对较低的工作。

一、统计描述

考虑到本书研究的问题以及中国劳动力市场的情况，我们选取了已婚样本，男性年龄在20—60岁，女性年龄在20—55岁。按照"男女分工"的答案对劳动参与率和小时工资的中位数进行简单的统计，结果见表4-4。

表 4－4　　性别身份态度与劳动参与率

男人以事业为主 女人以家庭为主	劳动参与率 （%）	样本数 （个）	中位数工资 （元/小时）	样本数 （个）
非常不同意	70.64	218	12.66	168
不同意	65.63	192	11.16	147
无所谓同不同意	63.66	608	9.92	434
同意	60.80	500	8.92	335
非常同意	49.78	930	7.52	556

数据来源：作者根据 CFPS2014 年数据整理。

统计结果显示：随着“男性以事业为主，女性以家庭为主”的答案从“1”到“5”，女性的劳动参与率从 70.64% 下降至 49.78%，而中位数工资则是从 12.66 元/小时下降至 7.52 元/小时，简单的统计表明，越是认同传统的性别分工的女性，其劳动率越低，工资也越低。

因此，我们我们作出如下的假设：

假设 1：性别分工态度越传统，女性参与劳动的概率越低。

假设 2：性别分工态度越传统，女性工资越低。

二、实证结果

本节我们验证性别身份认同对已婚女性的劳动参与以及工资的影响。参考姚先国和谭岚（2005）的文章，我们在回归中引入的控制变量包括：丈夫的收入、自己教育水平、年龄、年龄的平方、6 岁以下孩子个数、6—18 岁孩子个数。健康状况会直接影响个体的劳动决策（解垩，2011），因此我们还控制个体的健康状况。另外，中国劳动力市场存在着对农村户籍的歧视（吴贾、姚先国和张俊森，2015；常进雄和赵海涛，2016），因此我们在回归中控制了个体的户口性质。各地区的经济发展水平可能会影响就业机会的获得，我们在回归中加入了地区虚拟变量。同时，由于存在城乡二元结构，我们在回归中加入城镇虚拟变量控制城乡差别对工作决策的影响。

$$Y_i = \beta_0 + \beta_1 \times attitude_i + \beta_2 \times X_i + \varepsilon_i \tag{4.5}$$

其中，$attitude_i$ 表示个体 i 对男女分工的态度，取值从“1”到“5”，分别表示“非常不同意”到“非常同意”。X_i 为上一段所提及的控制变量，我们采用线性概率模型进行估计，并且在区县水平上进行聚类分析，结果见表4-5。

表4-5　　工作决策

	劳动参与决策
男女分工态度	-0.0200** (0.00775)
配偶的工资	-0.0393*** (0.00268)
年龄	0.114*** (0.0100)
年龄的平方	-0.148*** (0.0132)
最高学历	0.0608*** (0.00717)
城镇	0.00742 (0.00553)
非农户口	-0.00515 (0.00417)
健康状况	0.0254*** (0.00849)
小于6岁孩子个数	-0.117*** (0.0212)
6—18孩子个数	-0.0200 (0.0162)
省份	控制
Constant	-1.118*** (0.207)
Observations	2 395
R-squared	0.203

注：括号内为稳健标准误：*** p<0.01，** p<0.05，* p<0.1，所有的回归在区县水平上进行了聚类分析。

从回归结果看，对于女性而言，对“男人以事业为主，女人以家庭为主”的观念认同度每增加“1”单位，其劳动参与的概率就下降2.00%，性别分工观念对女性的工作参与率无论是在统计意义还是经济意义上都是显著的。验证了我们在上一节末的第一个判断：女性的性别身份认同越传统，劳动参与率越低。

本节关心的另一个问题是性别分工观念对女性工资的影响。为此，我们在标准的明瑟工资方程中加入了性别分工观念：

$$Y_i = \beta_0 + \beta_1 \times attitude_i + \beta_2 \times edu_i + \beta_3 \times exper_i + \beta_4 \times exper_i^2 + \beta_5 \times X_i + \varepsilon_i \tag{4.6}$$

其中，$exper$ 表示工作经验，计算方法为：$exper = age - edu - 6$。其他的控制变量包括个体的户口性质（常进雄和赵海涛，2016）、省虚拟变量，考虑到我们没有剔除工资的异常值，我们使用分位数回归对（4.6）进行估计，结果见表4－6。

表4－6　　　　加入男女分工态度的明瑟工资方程

	工资方程
男女分工态度	−0.0297 * (0.0162)
教育	0.0633 *** (0.00619)
经验	−0.00597 (0.00800)
经验的平方	9.52e−05 (0.000171)
非农户口	0.0104 (0.00963)
城镇	−0.0239 (0.0178)
省份	控制
常数	2.119 *** (0.194)
Observations	1 640

注：括号内为稳健标准误：*** p<0.01，** p<0.05，* p<0.1。

回归结果表明①，对女性而言，性别分工的观念越传统，其工资水平越低，在其他条件都一样的情况下：对“男人以事业为主，女人以家庭为主”的观念认同度每增加“1”单位，工资下降 2.97%。从本节的分析我们看到，性别身份认同对女性劳动力市场的表现有较大的影响。传统的“男主外、女主内”的模式导致女性将更多的重心放在家庭，越是认同这种性别分工模式的个体，其劳动参与的概率越低，即便参加工作，工资也更低。

结合 2000 年第二期中国妇女社会地位调查、2010 年第三期中国妇女社会地位调查以及 2014 年中国家庭追踪调查的数据，赞同“男主外、女主内”性别分工模式的个体越来越多，这可以部分解释妇女劳动参与率下降（Han 和 Zhang，2010）和性别工资差异变大的现象（卢晶亮和冯帅章，2015；何泱泱、刘国恩和徐程，2016）与 Fortin（2005，2015）的结论类似。

第五节　本章小结

本章我们分析了性别身份认同对女性的劳动供给及工资的影响。我们首先使用 2005 年 1% 人口抽样调查的数据研究已婚女性的收入占比超过男性的概率对其劳动参与率和工资的影响，结果表明：对于已婚女性而言，其工资超过丈夫的概率越大，退出劳动力市场的概率越大；即使留在劳动力市场，她们也会选择一份低于潜在工资的工作。接着我们使用中国家庭追踪调查 2014 年的数据验证了性别身份认同对已婚女性的劳动参与及工资的影响，结果进一步验证了我们的结论：性别身份认同越传统的女性，其劳动参与的概率越低，即使她们参与了劳动，工资也会更低。

我们认为，性别身份认同是造成这一现象的主要原因。Akerlof 和 Kranton（2000）的文章指出：身份认同影响个体行为，是因为个体行为偏离他们的身份之后会降低他们的效用。2010 年第三期中国妇女社会地位调查和 2014 年中国家庭追踪调查（CFPS）的结果显示：认同“男主外、女主内”身份分工模

① 男、女的教育回报和多数文献是一致的（李利英和董晓媛，2008），这表明实证结果是值得信赖的。

式的个体超过50%。这表明，传统的性别分工模式仍是主流。在这样的性别认同模式下，女性的主要任务是照顾家庭，她们会避免自己的工资超过丈夫，选择低工资甚至干脆不工作。

本书另辟蹊径，从性别身份认同的角度考查问题，为我们认识性别工资差异和女性劳动供给提供一个不同的视角，也为性别身份认同影响个体的行为提供了一个证据。

第五章　性别身份认同与“剩女”现象

第一节　引言

近年来，我国适龄青年男女的结婚率不断下降，“剩男剩女”大量增加。根据作者的统计，1990—2010 年，中国 25—44 岁女性结婚率从 97.15% 下降至 90.76%。而这一年龄段的男性的结婚率从 89% 下降至 83.77%。婚姻虽然是个体行为，任何个体都有自主选择是否结婚的权利，但是如果想结婚而不能结婚，会造成个人主观幸福感的下降。对社会而言，如果单身人群的比例过大，可能带来许多经济与社会问题，甚至影响国家竞争力。

与此同时，高校扩招导致大学生的数量越来越多。教育部《教育统计数据》显示，2000—2016 年普通高等学校的在校女学生数量从 227.89 万人上升至 1 516.41 万人，占比更是从 40.98% 上升到 52.39%。2010 年人口普查数据显示，虽然整体上女性的结婚率高于男性，但是受过高等教育的女性的结婚率几乎和男性一样，具有研究生学历的女性的结婚率甚至还低于同等学历下的男性。吴要武和刘倩（2014）认为，大学扩招是“剩男剩女”增加的一个重要原因。但是他们并没有针对上述现象作出解释。

受过高等教育的女性更有可能获得高收入，可能更注重事业，从而更加独立。中国家庭追踪调查（CFPS）2014 年数据表明：女性受教育程度越高，越不认同“男主外、女主内”的性别身份认同。然而，“男主外、女主内”的性别身份认同仍然是社会的主流观念。2010 年第三期中国妇女社会地位调查显示：54.8% 的女性和 61.6% 的男性支持“男人应该以社会为主，女人应该以家庭为主”的观点。中国家庭追踪调查（CFPS）2014 年的数据显示：63% 的男性和59.8%的女性认同“男人以事业为主，女人以家庭为主”的男女分工方式。Akerlof和Kranton（2000）从经济学角度分析了身份认同与个体行为的关系，他们认为：不同的身份认同会导致不同的行为。这种性别身份认同的冲突是否导致了受过高等教育的女性婚姻匹配的困难。

“剩男剩女”现象也受到了学术界的关注，许多学者从诸多角度对此展开了研究讨论。第一类是从性别失衡角度，自1980年以来中国男女性别比例持续上升，从而导致中国男性特别是农村男性“婚姻挤压”（李树茁等，2006；靳小怡等，2011）。第二类是从婚姻匹配模式的角度来研究。沈新凤（2011）认为，男女生物意义上的不对称性导致了女性存在向上匹配的倾向，而高学历或者高收入的男性则不愿意匹配学历或者收入过高的女性，这就导致了高学历或者高收入的女性大量单身。而吴要武和刘倩（2014）则认为，1999年开始的高校扩招会导致更多的“剩男剩女”，因为接受教育会挤占婚姻搜寻的时间，推迟适龄青年进入婚姻市场的时间，同时也会降低他们婚姻匹配成功的概率。第三类是从社会变迁的角度研究的。於嘉和谢宇（2013）检验了影响初婚的因素，他们发现：房价较高的地区，男性、女性的初婚年龄都较大。

“剩女”现象的产生有多方面的原因，除了社会经济的外在因素以外，也可能是现代社会新女性基于自身利益的自主选择。本书拟从女性身份认同的角度，以女性为第一视角对“剩女”问题做进一步研究。1999年高校扩招之后，中国大学中女性的比例越来越高，她们的收入超过男性的概率也越来越高。对于这些受过高等教育、有着较高的收入的女性而言，她们可能不甘心被家庭束缚，而希望自己在工作上也有更多的成就，这样就和女性传统的身份认同不符。传统意义上，女性的角色定位是照顾好家庭。如果一个女性有较强的事业心，可能会降低她在婚姻市场上的竞争力。Fisman et al.（2006）的研究表明，男性更看重女性的外貌，并且不欣赏智慧或抱负超过自己的女性。这就会导致受过高等教育女性的结婚率不断下降，“剩女”逐渐增多。

本书的主要贡献有：第一，在研究视角上，从身份认同的角度研究“剩女”问题。本书重点考察了相对收入对女性婚姻形成的影响，发现女性收入超过婚姻市场中男性的概率越大，其结婚的概率越低。第二，本书从身份认同的视角研究个体婚姻状态，从一个新的视角分析了我国“剩女”产生的原因，丰富了身份认同与个体行为的相关文献。

下面的结构安排如下：第二节对我国婚姻市场的特点进行简单描述，第三节介绍计算女性工资大于男性工资概率的方法，第四节对女性工资以及受教育程度对婚姻的影响进行了实证分析，第五节使用中国家庭追踪调查 2014 年的数据进一步论证身份认同与婚姻的关系，第六节做出总结。

第二节　中国婚姻市场的特点

改革开放以来，社会生活方方面面都发生了巨大的变化，婚姻市场上也出现了一些新的特点，本节我们利用人口普查的数据，对 1990—2010 年中国婚姻市场的特征进行归纳总结。

一、1990—2010 年结婚率的演化

首先我们使用 1990 年、1995 年、2000 年、2005 年和 2010 年的人口普查数据对 1990—2010 年不同学历人群的结婚率分性别进行了简单的归纳，见表 5－1 和表 5－2。

表 5－1　　**25—44 岁女性结婚率**　　单位：%

	1990 年	2000 年	2005 年	2010 年
文盲	97.80	95.86	93.87	90.53
小学	98.21	95.51	96.97	95.33
初中	96.63	93.02	95.15	92.90
高中及中专	92.65	90.61	89.88	86.75
大专	89.43	86.57	86.21	81.75
本科	85.39	86.57	81.73	77.25
研究生及以上		76.58	71.50	61.78
总体	97.15	95.40	94.73	90.76

数据来源：历次人口普查。

表 5－2　　25—44 岁男性结婚率　　单位：%

	1990 年	2000 年	2005 年	2010 年
文盲	72.29	57.67	61.72	51.01
小学	87.82	90.08	83.72	81.38
初中	91.63	90.20	89.44	87.02
高中及中专	91.96	85.54	86.37	82.87
大专	89.21	84.02	83.42	78.58
本科	79.62	84.02	80.44	75.15
研究生及以上		78.08	78.43	65.00
总体	89.00	87.66	86.42	83.77

数据来源：历次人口普查。

从表 5－1 和表 5－2 我们能看到以下特征：第一，整体结婚率呈现下降的趋势。25—44 岁女性的结婚率从 1990 年的 97.15% 下降到 2010 年的 90.76%，同年龄段男性的结婚率从 1990 年的 89% 下降到 2010 年的 83.77%。第二，不同文化程度人群的结婚率存在明显的性别差异。整体而言，女性的结婚率高于男性，无论男女，结婚率基本与受教育程度负相关，但是女性的结婚率受教育程度的影响更大。在 2010 年的调查数据中，男性中结婚率最低的是文盲，其结婚率只有 51.01%；女性中结婚率最低的是研究生，结婚率为 61.78%。这种现象与传统的性别分工理论相符，根据传统的“男主外、女主内”的性别分工理念，男性的分工是“赚钱养家”，女性的分工是照顾家庭。男性受教育程度越低，获得低收入的概率也越大，很难履行养家糊口的职责；而对于女性而言，如果受教育程度较高，就会有很大的可能将重心放在工作上，获得更高的收入，同时收入超过男性的概率也会越大，照顾好家庭的概率也会更低，因此这两个群体的结婚率最低。

二、婚姻匹配的特点

传统的婚姻匹配讲究“门当户对”，更多考虑夫妻双方的家庭背景。而现代社会婚姻匹配看重的因素更加多样化，除了家庭背景，双方的受教育程度、年龄、价值观等都是重要的考量指标。

我们使用 2000 年和 2005 年人口普查的微观抽样数据对中国婚姻匹配的特

点进行归纳。根据中国的婚姻法，我们选取年龄为20—49岁的女性和年龄为22—51岁的男性进行研究（见表5－3和表5－4）。

表5－3　　2000年夫妻双方教育配对　　单位：%

妻子教育程度	丈夫教育程度							合计
	文盲	小学	初中	高中及中专	大专	本科	研究生及以上	
文盲	6.94	7.41	2.68	0.53	0.05	0.01	0.00	17.61
小学	0.75	20.69	14.65	2.83	0.24	0.06	0.00	39.23
初中	0.13	3.55	20.39	5.36	0.76	0.20	0.00	30.40
高中及中专	0.02	0.44	2.67	4.55	1.47	0.57	0.02	9.74
大专	0.00	0.01	0.17	0.54	0.98	0.45	0.03	2.19
本科	0.00	0.00	0.02	0.08	0.17	0.47	0.04	0.78
研究生及以上	0.00	0.00	0.00	0.00	0.01	0.02	0.02	0.05
合计	7.83	32.10	40.60	13.88	3.68	1.79	0.12	100.00

数据来源：2000年1%人口普查数据。

表5－4　　2005年夫妻双方教育配对　　单位：%

妻子受教育程度	丈夫受教育程度							合计
	文盲	小学	初中	高中及中专	大专	本科	研究生及以上	
文盲	4.88	6.43	2.58	0.47	0.02	0.00	0.00	14.39
小学	0.75	19.36	14.84	2.23	0.15	0.01	0.00	37.34
初中	0.13	3.61	23.62	5.00	0.56	0.11	0.00	33.04
高中及中专	0.01	0.34	2.26	4.32	1.46	0.53	0.03	8.96
大专	0.00	0.02	0.22	0.83	2.05	0.97	0.08	4.18
本科	0.00	0.00	0.03	0.14	0.46	1.15	0.15	1.93
研究生及以上	0.00	0.00	0.00	0.00	0.01	0.06	0.08	0.16
合计	5.78	29.76	43.56	13.01	4.72	2.84	0.34	100.00

数据来源：2005年1%人口普查数据。

从表5－3和表5－4可知：总体而言，男性倾向于和教育水平与自己相当或略低于自己的女性结婚。2000年，具有大专及以上学历的男性占总体的5.59%，他们的配偶具有大专以上学历的占2.19%，远高于其他学历的比例。

2005年，具有大专以上学历的男性占总体的7.9%，而他们配偶具有大专以上学历的占比为5.01%。

从年龄上来看，婚姻匹配多数都发生在同一年龄段。我们将20—49岁女性的年龄分成3段，将22—51岁男性也分为3段，从表5-5和表5-6可知，2000年，83.24%的20—29岁女性的配偶年龄在22—31岁之间，76.14%的30—39岁女性的配偶在32—41岁，79.91%的40—41岁女性的配偶在42—51岁之间，2005年的情况也类似，这里不再赘述。

表5-5　2000年夫妻双方年龄配对　　单位：%

妻子年龄	丈夫的年龄			
	22—31	32—41	42—51	52以上
20—29	83.24	16.04	0.60	0.12
30—39	12.51	76.14	11.00	0.35
40—49	0.02	8.59	79.91	11.48

数据来源：2000年1%人口普查微观数据库。

表5-6　2005年夫妻双方年龄配对　　单位：%

妻子年龄	丈夫的年龄			
	22—31	32—41	42—51	52以上
20—29	76.63	21.98	0.56	0.82
30—39	8.03	81.57	9.97	0.43
40—49	0.03	16.35	74.11	9.50

数据来源：2005年1%人口普查微观数据库。

随着社会的发展，女性的受教育程度不断提高，特别是高校扩招之后，受过高等教育的女性的数量迅速上升。2010年人口普查公告的数据显示，在20—24岁的大学生中，女性占比为49.6%，而这一年龄段的研究生中，女性占比达53.7%，已经超过男性数量。吴要武和刘倩（2014）认为，随着大学的扩招，更多的适婚青年男女选择了接受高等教育，推迟了进入婚姻市场的年龄，降低了他们在婚姻市场上匹配成功的可能性。本书考虑的是另外一种逻辑：由于身份认同的矛盾导致教育程度高的女性结婚率下降。具体来讲，传统的性别身份认同要求女性将主要的精力放在家庭，但是对于受教育程度较高的女性而言，她们工资高于男性的概率更大，而且她们更有可能将主要精力用于工作，用于照料家庭的时间相应的会减少，她们的收入更高，经济独立性更大，婚姻对她们的吸引力也下降了很多。另外，教育程度较高的女性更容易与传统的身份认同相违背，这些都会导致她们的结婚率下降。

鉴于上文的分析，本书作出如下的假设：

（1）女性的教育水平越高，对传统性别身份的认同程度越低，其结婚的概率越低；

（2）女性收入超过婚姻市场中男性的概率越大，违背传统性别身份的概率越高，结婚的概率越低。

第三节 数据介绍及概率测算

一、数据介绍

我们将使用2005年1%人口抽样调查微观数据来验证之前的假设。该问卷包括受访者的年龄、教育、工作、婚姻等基本信息，涵盖了中国（港、澳、台除外）所有省、直辖市和自治区，具有很强的代表性。表5－7是我们对相关变量的描述性统计结果。

表5－7 描述性统计结果

	说明	样本数	均值	方差	最小值	最大值
r3	=1，男性 =2，女性	1 214 772	1.51	0.50	1.00	2.00
r11	=1，农业 =2，非农	1 214 772	1.31	0.46	1.00	2.00
edu	教育程度	1 214 772	8.77	3.41	0.00	19.00
work	=0，工作 =1，不工作	1 214 772	0.85	0.35	0.00	1.00
married	=0，非在婚 =1，在婚	1 214 772	0.90	0.30	0.00	1.00

续表

	说明	样本数	均值	方差	最小值	最大值
city_fla	=1，市 =2，镇 =3，乡	1 214 772	2.15	0.90	1.00	3.00
a1	省、自治区和直辖市	1 214 772	38.48	15.10	11.00	65.00
age_05	男性年龄 25—54 岁 女性 23—52 岁	1 214 772	38.22	8.26	23.00	54.00
prob1	第一种方法计算女性工资超过男性的概率	615 669	0.28	0.27	0.00	1.00
prob2	第二种方法计算女性工资超过男性的概率	615 669	0.31	0.26	0.00	1.00
prob3	第三种方法计算女性工资超过男性的概率	615 669	0.34	0.26	0.00	1.00

数据来源：2005 年 1% 人口普查微观数据库，作者自行整理

表 5－7 给出了基本相关变量的统计结果。中国男性法定结婚年龄为 22 岁，女性为 20 岁，大部分地区的婚姻法规定：超过法定结婚年龄 3 岁及以上为晚婚，本书选择男性年龄段为 25—54 岁，女性年龄段为 23—52 岁，可以将研究重点聚焦于晚婚年龄段以上的人群，同时结合我国现有的学制，还可以剔除接受高等教育对婚姻状况的影响。

二、概率测算

为了验证本书的假设（2），需要证明女性的收入超过她所在婚姻市场的男性的概率越大，其结婚的概率越小。因此，如何计算该概率值，成为本书的一个关键。接下来的将会介绍三种计算概率值的方法，并对其合理性进行分析。

根据前文对婚姻匹配特点的考察，我们发现大多数的婚姻发生在具有相似的教育水平和年龄的个体之间，当然居住在同一个地区的个体之间也有更高的概率结婚。因此，我们按照受教育年限、居住地以及年龄段对婚姻市场进行分类，计算同一个婚姻市场中女性工资超过男性的概率。我们选取女性的年龄为

23—52 岁，男性的年龄为 25—54 岁，每 5 岁为一段。我们把教育分为两类：大专及以上为一类，高中及以下为另一类。相同的居住地、同一个年龄段以及同一个教育层次的男女处于同一个婚姻市场。

接下来，我们计算每个女性的工资大于她所在的婚姻市场的所有男性的工资的概率。此时，我们需要解决未工作个体的工资问题。我们采用三种方法来解决这个问题（见表 5－8）：第一种方法是简单的将未工作个体的工资用 0 代替；第二种方法是通过性别、年龄、教育、户口性质构建工作类别①，使用同一工作组的工资的中位数代替；第三种方法是使用 Bartik 式的方法构建工资，代替所有人的工资。处理好未工作个体的工资后，直接将女性的工资与她所在的婚姻市场的男性工资进行比较，计算其分位数即可。

表 5－8　　女性工资高于男性的概率　　单位：%

	第一种方式	第二种方式	第三种方式
文盲	24.00	24.00	23.10
小学	25.30	25.30	25.00
初中	26.10	29.70	33.20
高中及中专	38.70	47.10	57.00
大专	31.60	32.80	34.50
本科	44.80	47.00	48.40
研究生及以上	47.90	59.60	64.20
平均	28.24	31.02	33.82

数据来源：作者计算得出

表 5－8 给出了三种处理方法所计算的概率值。我们发现，无论使用哪种方式处理未工作个体的工资，计算的结果都是学历越高，工资超过男性的概率越高。唯一的意外出现在大专学历和高中及中专学历，在我们的分类标准中，高中生属于学历低的一组，大专生属于学历高的一组，在低学历组中的高中学

① 我们以 3 岁为一组，划分年龄组；在教育水平上，按文盲、小学、初中、高中及中专、大专、本科、研究生及以上将样本分为 7 组；考虑到中国的户籍歧视对工资的影响，按照农业和非农业户籍进行分组。

历是较高的，因此她们的工资高于同组男性的概率较大，而在高学历组中，大专学历是低学历，她们的工资高于同组男性的概率较小。

女性的劳动参与率为 77.7%，远低于男性的 93.02%，直接将未工作个体的工资取为 0，会从整体上拉低女性的工资，因此第一种方法会低估女性工资高于男性的概率。第二种处理方法用工作组的中位数工资代替未工作个体的工资，能够较好地解决第一种处理方法所产生的问题。而第三种处理方法是引入 Bartik 式工资，旨在解决可能存在的内生性问题。与第二种处理方法相比，Bartik 式工资将概率提高了 2.8%，但与第一种方法的相关系数为 60.13%，可以认为第三种处理方法是合理的。

另外，我们注意到，三种处理方法计算出的概率值较接近，从表 5 – 9 我们看到：第一种方式和第二种方法计算的概率值的相关系数为 73.23%，而且相互间的相关系数较高，因此可以认为我们的处理方法是稳健的。

表 5 – 9　　三种工资的相关系数

	第一种方法	第二种方法	第三种方法
第一种方法	1		
第二种方法	0.7323	1	
第三种方法	0.6013	0.8211	1

数据来源：作者计算得出

第四节　实证研究：教育、收入与婚姻

一、回归模型及结果

本节我们检验女性的教育、收入对她的婚姻状况的影响。具体来讲，我们需要实证女性受教育程度越高、工资超过男性的概率越大，她们结婚的概率越低。根据问卷的设计，我们将婚姻状况为初婚有配偶或再婚有配偶定义为在婚，将其他状况定义为未婚，使用 Probit 模型对问题进行估计：

$$\text{Prob}(\text{Married}_i = 1 \mid X) = \Phi(\beta_0 + \beta_1 \times prob_i + \beta_2 \times edu_i + \beta_3 \times X_{3i}) \tag{5.1}$$

其中，Φ 为正态分布的累积密度函数，$prob_i$ 表示第 i 个女性结婚的概率，edu_i 表示第 i 个女性的教育程度，X_{3i} 表示其他的控制变量，如女性所在的婚姻市场的男性的平均教育水平、平均工资以及市场上男性和女性工资的十分位数。文章还控制了省份异质性，回归的结果见表 5－10。

表 5－10　　　　基本回归

	自变量：女性婚姻状况			
	只考虑工资	加入教育水平	加入性别比例	加入分位数工资
prob1	－0.310*** (0.0535)	－0.216*** (0.0496)	－0.205*** (0.0473)	－0.212*** (0.0503)
女性工资	1.12e－05 (1.70e－05)	1.24e－05 (1.80e－05)	－5.73e－06 (1.40e－05)	－1.25e－05 (1.10e－05)
男性平均工资	－0.000464*** (0.000119)	0.000236 (0.000197)	0.000179 (0.000155)	0.00523*** (0.00132)
女性教育年限		－0.0436*** (0.00482)	－0.0453*** (0.00492)	－0.0404*** (0.00455)
女性平均教育年限		－0.102*** (0.0235)	－0.124*** (0.0194)	－0.0964** (0.0396)
男女比例			1.515*** (0.235)	1.445*** (0.263)
省份	Yes	Yes	Yes	Yes
男性十分位工资	No	No	No	Yes
女性十分位工资	No	No	No	Yes
常数	1.884***	2.416***	1.330***	1.907***
	－0.0185	－0.0196	－0.0252	－0.043
Observations	615 669	615 669	615 669	615 669

注：括号内为稳健标准误：*** $p<0.01$，** $p<0.05$，* $p<0.1$，所有的回归在婚姻市场水平上进行了聚类分析。

在基本回归中，我们使用第一种方法计算出概率。在回归方程（1）中，我们考虑最简单的情况：只控制女性自己的工资和婚姻市场上男性的平均工资。结果表明：女性的工资大于男性的概率越大，结婚概率越小，该值无论是在统计学意义上还是在经济学意义上都很显著。另外，我们看到，女性自身工资的绝对值的大小对婚姻状况的影响并不显著。这表明：真正重要的是女性的相对工资，而不是绝对工资。在回归方程（2）中，我们加入了女性的教育水平以及该市场上男性的平均教育水平，考察教育水平对婚姻状况的影响，我们发现：受教育程度越高，结婚的概率越低，这一结果在1%水平上显著。在回归方程（3）中，我们控制了婚姻小组中男性的比例，不出意外的发现，男性占比高的婚姻市场，女性找到配偶的概率也较高。在回归方程（4）中，我们加入了婚姻市场上男性和女性的十分位工资，结果仍然类似。以上结果表明：女性的工资超过男性的概率越大，她们结婚的概率越小；同时，我们发现女性工资的绝对值对婚姻状况影响并不显著，也就是说，真正起作用的是她们工资超过男性的概率。同时，教育程度越高，结婚的概率也越低，实证的结果验证了我们之前的假设（1）和假设（2）。接下来，我们将验证第二种计算方法的结果。

二、稳健性检验

本节我们使用第二种方法计算的概率检验结果的稳健性。第一种方法将没有工作的女性的工资用0代替会导致计算出概率低于实际值，使得回归的结果产生偏差，而第二种方式将没有工作的人的工资用她们所在的工作小组的工资的中位数代替，能够较好的解决该问题，回归结果见表5－11。

表5－11　稳健性检验

	自变量：女性婚姻状况			
	只考虑工资	加入教育水平	加入性别比例	加入分位数工资
Prob2	－0.360*** (0.0394)	－0.261*** (0.0318)	－0.257*** (0.0310)	－0.265*** (0.0312)
女性工资	－2.87e－05* (1.51e－05)	－7.58e－06 (1.55e－05)	－2.55e－05* (1.31e－05)	－2.33e－05** (9.61e－06)
男性平均工资	－0.000419*** (0.000117)	0.000245 (0.000211)	0.000193 (0.000167)	0.00422*** (0.000832)
女性教育年限		－0.0397*** (0.00501)	－0.0411*** (0.00510)	－0.0380*** (0.00467)

续表

	自变量：女性婚姻状况			
	只考虑工资	加入教育水平	加入性别比例	加入分位数工资
男性平均教育年限		-0.104*** (0.0254)	-0.127*** (0.0212)	-0.0899** (0.0422)
人口性别比			1.523*** (0.236)	1.675*** (0.252)
省份	Yes	Yes	Yes	Yes
男性十分位工资	No	No	No	Yes
女性十分位工资	No	No	No	Yes
常数	1.999*** (0.300)	2.360*** (0.266)	1.286*** (0.288)	0.828** (0.373)
Observations	611 952	611 952	611 952	611 952

注：括号内为稳健标准误：*** $p<0.01$，** $p<0.05$，* $p<0.1$，所有的回归以婚姻市场为组进行了聚类分析。

在回归方程（1）中，Prob2 的系数与 Prob1 的系数差别较小，并且都在1%水平上显著。在逐步控制教育年限、男女性别比以及十分位工资等变量之后，我们发现，Prob2 的系数和 Prob1 的系数的显著性以及数值大小都很接近。这表明："女性超过男性工资的可能性越大，结婚的概率越低"这一结论是稳健的。另外，无论使用哪种方法计算概率，回归结果中受教育程度这一控制变量的系数显著为负，这表明：教育程度越高的女性，结婚的概率越低。

三、内生性问题

无论是第一种方法还是第二种方法计算的概率，成立的前提是不存在既影响女性婚姻又影响女性工资高于男性概率的因素。如地区经济发展水平，既可以影响女性工资超过男性的概率，又可能影响女性的结婚率。为了解决可能存在的内生性，我们使用 Bartik（1991）的方法构建个体的工资。该方法基于男女性在不同行业中的分布①，通过男女性在行业分布的比例来计算婚姻市场 m

① 事实上，男女在不同的行业的分布是不一样的，如对体力要求比较高的制造业、建筑业，男性占比较高，而女性在服务业的占比相对较高。

的性别为 g 的个体的 p 分位数工资，具体公式如下：

$$w_m^{g,p} = \sum \gamma_{aehjs}^{g} \times w_{aehj,-s}^{g,p} \tag{5.2}$$

其中，γ_{aehj}^{g} 表示 s 地区，性别为 g、年龄为 a、教育水平为 e、户口为 h，行业为 j 所占的比例。$w_{aehj,-s}^{g,p}$ 表示给定性别、年龄、教育水平、户口性质的 j 行业除地区 s 外的工资的 p 分位数。具体来讲，这里的性别 g 分为男性、女性；年龄 a 按照每 3 年一段进行划分；教育 e 按照文盲、小学、初中、高中、大专、本科、研究生及以上进行划分；户口 h 按照农业和非农业两类进行划分；行业 j 按照统计局国民经济行业分类标准（GB/T4754－2002）的大类进行划分；居住地按照市以及行政单位进行划分，这样我们可以计算出 γ_{aehj}^{g} 和 $w_{aehj,-s}^{g}$，从而计算出每个婚姻市场的 p 分位数工资 $w_m^{g,p}$。然后使用婚姻市场 m 上的女性 p 分位数工资与男性的 q 分位数工资进行比较。计算公式如下：

$$Prob_i = \frac{1}{19} * \frac{1}{19} * \left\{ \sum_{p=5}^{95} \sum_{q=5}^{95} 1(w_m^{f,p} > w_m^{m,q}) \right\} \tag{5.3}$$

其中，$w_m^{f,p}$ 表示处在第 m 个婚姻组的女性的 p 分位数工资，$w_m^{m,p}$ 表示处在第 m 个婚姻组的男性的 p 分位数工资，我们选择了 5，10，……，95 共 19 个分位数。从表 5－12 我们可以看到，这样构建的工资，和女性工资的相关性较强，但同时与个体的婚姻状态无关，能够较好的解决文章的内生性问题。

表 5－12　　　　Bartik 式工资

	自变量：女性婚姻状况			
	只考虑工资	加入教育水平	加入性别比例	加入分位数工资
Prob3	－0.469***	－0.342***	－0.327***	－0.347***
	(0.0296)	(0.0334)	(0.0304)	(0.0288)
女性工资	－1.14e－06	6.63e－06	－1.29e－05	－3.45e－06
	(1.61e－05)	(1.77e－05)	(1.41e－05)	(9.94e－06)
男性平均工资	－0.000469***	0.000196	0.000147	0.00500***
	(0.000119)	(0.000213)	(0.000169)	(0.000826)
女性教育年限		－0.0331***	－0.0348***	－0.0324***
		(0.00547)	(0.00552)	(0.00488)

续表

	自变量：女性婚姻状况			
	只考虑工资	加入教育水平	加入性别比例	加入分位数工资
男性平均教育年限		-0.107*** (0.0253)	-0.129*** (0.0212)	-0.119*** (0.0418)
sratio			1.520*** (0.236)	1.554*** (0.252)
省份	Yes	Yes	Yes	Yes
男性十分位工资	No	No	No	Yes
女性十分位工资	No	No	No	Yes
常数	2.065*** (0.298)	2.427*** (0.263)	1.352*** (0.292)	1.446*** (0.378)
Observations	615 398	615 398	615 398	615 398

注：括号内为稳健标准误：*** $p<0.01$，** $p<0.05$，* $p<0.1$，所有的回归以婚姻市场为组进行了聚类分析。

表5-12显示：Prob3的系数在1%水平上显著，大小也和之前两种方法的结果接近。同时，我们还注意到，女性的工资对结婚的影响不显著。综合前面的结论，我们认为真正起作用的是女性工资高于男性工资的概率，而不是其绝对工资的大小。另外我们也看到，女性的受教育水平越高，结婚的可能性越低，这也验证了我们在第三节提出的假设（1）。

虽然已经步入21世纪，但是传统的“男主外、女主内”的性别身份观念仍然有很高的认同度。2010年第三期中国妇女社会地位调查的数据显示：认同“男人应该以社会为主，女人应该以家庭为主”的男、女比例分别为61.6%和54.8%，甚至比2000年提高了7.7%和4.4%。这一数据表明，在中国多数人的观念中，女人的身份仍然被定位为“照顾好家庭”。随着我国大学的扩招，女性接受高等教育的人数越来越多，与她们的前辈相比，她们有更多的机会在职场取得成功，工资超过男性的概率也更大，这些受过高等教育的女性违背传统性别身份认同的概率也更大，导致她们结婚的概率也越低。为了进一步论证我们的结论，下一节我们使用CFPS2014年数据进一步论证性别身份认同与婚姻状态之间的关系。

第五节　进一步论证

上一节中，我们实证发现：女性的收入超过男性的概率越高，结婚的概率越低，同时受教育水平也对结婚有显著的负向影响。我们认为：越来越多的受过高等教育的女性对自己的性别身份认同与传统的“男主外、女主内”相矛盾，是导致“剩女”现象的一个重要原因。本小节我们进一步论证个体的性别身份认同与婚姻状态之间的关系。中国家庭跟踪调查 2014 年的调查问卷对个体关于男女分工的态度进行了调查，让受访者对“男人以事业为主，女人以家庭为主”的认同程度进行回答，从 1 到 5 分别代表“非常不同意”到“非常同意”。通过考察女性对性别分工的态度与她们婚姻状态的关系，进一步验证了我们的判断。

为和前文保持一致，我们选择 23—52 岁的女性作为我们考察的样本，在去掉缺失值之后，共得到 9 434 个样本。我们按学历分类计算了女性的性别分工观念的平均值，根据表 5 - 13 我们发现：女性受教育程度越高，越不认同“男主外、女主内”的性别分工模式。

表 5 - 13　　按照学历汇总的男女分工态度

学历	样本数	男女分工观念平均值
文盲/半文盲	2 086	4. 35
小学	2 102	4. 21
初中	2 801	3. 83
高中/中专	1 250	3. 38
大专	729	2. 94
大学本科	435	2. 79
研究生	30	2. 77
博士	1	3
Total	9 434	3. 85

数据来源：作者根据 CFPS2014 年数据整理

接下来我们通过实证分析男女分工态度对婚姻的影响。我们定义婚姻状态为“在婚”的为“married = 1”，其余的取“married = 0”，回归模型如下：

$$Y_i = \beta_0 + \beta_1 \times attitude_i + \beta_2 \times X_{2i} + \varepsilon_i \tag{5.4}$$

除了“男女分工的态度（*attitude*）”之外，其余的控制变量包括“受教育程度、对数工资、年龄、户口类型、城镇虚拟变量、省份虚拟变量”。CFPS 观测值的个数较少，无法计算女性的工资高于同婚姻组男性的概率，因此无法加入这一控制变量。我们使用了线性概率模型对模型进行了估计，结果见下表。

表 5－14　　男女分工态度与婚姻状况

	婚姻状况
男女分工的态度	－0.0109*** (0.00281)
受教育程度	－0.0261*** (0.00383)
工资对数	－0.00538*** (0.000902)
年龄	0.00483*** (0.000478)
户口类型	已控制
城镇	已控制
省份	已控制
常数	0.760*** (0.0506)
样本数	9 434
R－squared	0.089

注：括号内为稳健标准误：*** $p<0.01$，** $p<0.05$，* $p<0.1$，所有的回归以地区为组进行了聚类分析。

从回归结果来看，对“男人以事业为主，女人以家庭为主”的认同度每下降“1”个单位，处于在婚状态的概率下降 1.09%，结果在 1% 水平上显著。另外，受教育程度越高和工资越高对婚姻有负向的影响，和之前的研究结论一致。

本部分的结果进一步的验证了我们之前的判断：性别身份认同影响个体行为，

具体到本节，则是身份认同影响个体的婚姻状况。Akerlof 和 Kranton（2000）的文章分析了身份认同对个体行为的影响，他们认为：违背特定的身份认同所带来的负效用是身份认同影响个体行为的主要原因。从前文的研究中我们发现，受教育程度越高的女性越不认可传统的男女分工。近年来，越来越多的女性接受高等教育，势必导致她们对自己的身份认同与“男主外、女主内”的传统观念发生较大的冲突，她们可能不再将自己的身份限定为“照顾好家庭”，而是希望在工作中获得成就。同时，如前文所述，相比于受教育程度低的女性，她们有更高的概率获得比男性高的收入，这些都会与她们传统的身份认同相悖，导致这一群体的结婚率下降。

第六节　本章小结

改革开放至今，中国结婚率持续下降，“剩男、剩女“成为时代关注的热点。学术界对这个问题也展现出了极大的兴趣，本书另辟蹊径，从身份认同的角度来研究大量剩女出现的原因。我们发现：虽然女性整体结婚率高于男性，但是大学及以上的女性的结婚率与男性相差无几，具有研究生以上学历的女性的结婚率甚至还低于男性。我们认为：传统的“男主外、女主内”身份认同和受过高等教育的现代女性的的身份认同与主流的传统身份认同之间的矛盾是导致中国优秀大龄剩女越来越多的一大因素。

一方面，传统的“男主外、女主内”的性别分工仍然被大家认可，2010年第三期中国妇女社会地位调查的数据显示，仍然有 61.6% 的男性和 54.8% 的女性认同“男人应该以社会为主，女人应该以家庭为主”；另一方面，中国女性接受高等教育的人数越来越多，根据教育部的统计，从 2009 年起，高等院校的女大学生的数目已经连续 7 年超过男性。这些受过高等教育的女性进入职场的概率远大于教育程度低的女性，她们中的很多人会选择追求事业上的成功，某种程度上与社会赋予她们的身份发生了冲突，从而导致她们结婚的概率下降。

我们首先利用 2005 年 1% 人口抽样调查微观数据库考察了女性的教育水平和工资超过男性的概率对她们婚姻状况的影响，结果表明：女性受教育程度越高，结婚的概率越低；并且工资超过男性的概率越高，结婚的概率也越低。为了克服计算概率的方法引起的偏差和文章可能存在的内生性问题，我们分别使用了另外两种方法计算概率进行了实证，结果仍然是一致的。我们还使用中国家庭追踪调查 2014 年的数据进行了进一步的验证，我们发现：女性教育程度越高，越不认同传统的性别身份认同，同时我们还通过实证验证了性别分工观念与个体婚姻状态的关系，结果发现，越是不认同传统观念的个体其处于未婚状态的概率越高。

本书的研究为我们认识优秀“剩女”越来越多的现象提供了一个新的视角，也为身份认同影响个体行为提供了新的证据。

第六章　性别身份认同、妻子收入与婚姻满意度

第一节　引言

身份认同会对个体行为产生影响。Akerlof 和 Kranton（2000）的文章首先从经济学的角度分析了身份认同对个体行为的影响，他们认为：性别身份认同影响个体行为的原因在于，如果个体的行为偏离了他所属群体的期望，效用就会受到损失。2010 年第三期中国妇女社会地位调查的结果显示：54.8% 的女性和 61.6% 的男性支持“男人应该以社会为主，女人应该以家庭为主”的观点。2014 年中国家庭追踪调查的数据也表明：63% 的男性和 59.8% 的女性认同“男人以事业为主，女人以家庭为主”的性别分工模式。以上数据说明，传统的“男主外、女主内”的性别身份认同仍然得到多数人的认同。在这样的性别身份分工模式下，丈夫负责赚钱养家，他的收入应当超过妻子。如果妻子占家庭收入的比例较大，甚至超过了丈夫，则会影响婚姻的满意度吗？

本书试图分析性别身份认同对婚姻满意度的影响。具体来讲，我们分析妻子收入占夫妻收入比例以及超过丈夫对婚姻满意度的影响。传统的性别分工模式要求妻子比丈夫挣得多，如果妻子的收入占比较高甚至超过了丈夫，可能会给丈夫带来较大的压力，进而影响婚姻的质量。

与本书相关联的文献有两个方面：性别身份认同及婚姻满意度。我们首先对与性别身份认同相关的文献进行了简单的梳理。Akerlof 和 Kranton（2000）的文章首先从从经济学的角度研究了性别身份认同与个体行为的关系，他们认为，不同的身份对应不同的行为准则，违背了这个行为准则，会降低个体的效

用。他们之后的文章（2002，2005，2010）分析了性别身份对学生的在校表现、组织激励、工资和个人福利的影响。Bertrand et al.（2015）分析了妻子收入超过丈夫对妻子劳动供给、工资、离婚率和婚姻满意度的影响。与国外的研究相比，国内的经济学者对身份认同的研究较少。李书娟和徐现祥（2016）以及李书娟、徐现祥和戴天仕（2016）的文章研究了身份认同对经济增长的影响。他们发现，省委书记或省长的家乡所在的地级市或县级市的经济发展要快于其相邻的市或县。

和本书相关的另一文献是对婚姻满意度的研究。徐安琪和叶文振（1998）研究表明：婚前般配而且婚后一致性较强的夫妻的婚姻满意度更高；传统的性别角色会降低婚姻的幸福程度。董志勇和肖才德（2010）的文章发现：健康水平特别是配偶的健康水平也会影响婚姻满意度，学历高的个体的婚姻满意度高于学历低者。王存同和余娇（2013）发现：女性的婚姻满意度低于男性、城市居民的婚姻满意程度低于农村居民、多子女夫妻的婚姻满意度较低、有婚前同居经历的夫妻的婚姻满意度较高、沟通越多婚姻满意度越高。雷晓燕、许文健和赵耀辉（2014）研究了婚姻匹配模式对婚姻满意度的影响。他们发现，在经济发展落后的地区，女性如果嫁给家庭地位较高的男性，她们的生活满意度会大大提高，经济发达地区这一现象较弱，城市完全不存在这一现象，婚姻匹配模式对男性的婚姻满意度无影响。牛建林（2016）研究了夫妻教育匹配对婚姻满意度的影响，他发现：相比夫妻教育水平相同的匹配模式，“夫高妻低”的模式会显著提高妻子的婚姻满意度，降低丈夫的婚姻满意度；而“夫低妻高”的模式会显著降低妻子的婚姻满意度，提高丈夫的婚姻满意度。

本书尝试从性别身份的角度来分析婚姻满意度。徐安琪和叶文振（1998）认为，抛弃传统的性别角色，淡化夫权意识、提倡丈夫的妥协有利于提高婚姻满意度。雷晓燕等（2014）的文章提到了男性的社会身份可能对自己的行为造成影响，但是他们并没有就此话题展开进一步的研究。本书以此出发，做了一个有效的尝试。另外，文章的结论证明了性别身份认同会对个体行为产生影响，为 Akerlof 和 Kranton（2000）的文章提供了一个新的证据。

接下来的安排如下：第二节我们对数据进行简要介绍及实证分析，第三节进行稳健性检验，第四节总结。

第二节　数据介绍与计量结果

一、数据介绍

本节使用中国家庭跟踪调查（CFPS）2014 年的问卷进行研究。CFPS 采用内隐分层的、多阶段、多层次、与人口规模成比例的概率抽样方式，数据包括个体、家庭、社区三个层次，可以视为一个全国代表性样本。因此，有较好的代表性。其中，2014 年的样本共有 37 147 个成年样本。本书研究的对象为夫妻双方至少一方工作的样本，其中丈夫的年龄在 20—60 岁，妻子的年龄在 20—55 岁。在去掉无效问卷后，还剩下 5 298 份有效问卷，其中女性 2 650 个，男性 2 648 个。

在 2014 年的该调查中，对婚姻满意度的调查："总的来说，您对您当前的'婚姻/同居'生活有多满意"，答案从"1"到"5"表示，"非常不满意"到"非常满意"。从表 6 - 1 可知，男性对婚姻满意度为非常满意的比例为 71.5%，女性对婚姻满意度非常满意的比例为 58.7%。总体而言，男性对婚姻的满意度高于女性，与王存同和余娇（2013）的结论一致。

表 6 - 1　　　婚姻

满意度调查			
总的来说，您对您当前的"婚姻/同居"生活有多满意	全部	男性	女性
非常不满意	85	39	46
不满意	64	24	40
无所谓满不满意	482	158	324
满意	1 219	534	685
非常满意	3 448	1 893	1 555
Total	5 298	2 648	2 650

数据来源：作者根据 CFPS2014 年数据整理

在 CFPS2014 年的调查问卷中，关于男女分工的问题是："男人以事业为主，女人以家庭为主”，从“1”到“5”表示从“非常不同意”到“非常同意”。我们看到，63%的男性和59.8%的女性认同①“男人以事业为主，女人以家庭为主”的性别分工模式（见表6－2）。相对而言，女性更加不认同“男主外、女主内”的性别分工观念。

表6－2　　性别分工观念调查

男人以事业为主，女人以家庭为主	全部	男性	女性
非常不同意	363	134	229
不同意	367	167	200
无所谓同不同意	1 313	678	635
同意	1 120	570	550
非常同意	2 135	1 099	1 036
Total	5 298	2 648	2 650

数据来源：作者根据CFPS2014年数据整理

接下来我们对控制变量进行简单的描述性统计。参考现有文献的研究，我们引入的控制变量包括：被访者的性别、夫妻年龄以及年龄的平方、教育水平、是否工作的虚拟变量、各自的收入（对于不工作的个体，我们记他们的收入为0）、健康状况、孩子的个数以及家庭的总收入，考虑到中国的城乡二元结构可能导致城市和农村婚姻幸福感的不同（王存同和余娇，2013），我们还引入了代表城镇的虚拟变量，所有变量的统计描述结果见表6－3。

表6－3　　所有变量的描述统计

控制变量	变量说明	均值	最小值	最大值
婚姻是否幸福	婚姻满意度为非常满意的为1，其余为0	0.65	0.00	1.00
妻子收入占比	妻子收入占夫妻收入的比例	0.29	0.00	1.00
妻子收入更高	妻子挣得更多	0.18	0.00	1.00
是否男性	男性＝1 女性＝0	0.50	0.00	1.00

① 我们把选择“同意”及“非常同意”的个体定义为认同“男人以事业为主，女人以家庭为主”的性别分工模式。

续表

控制变量	变量说明	均值	最小值	最大值
孩子个数	0—18 岁小孩个数	1.30	0.00	7.00
妻子收入的对数	= ln（1 + 妻子收入）	6.71	0.00	12.51
丈夫收入的对数	= ln（1 + 丈夫收入）	9.73	0.00	12.85
家庭收入的对数	= ln（1 + 家庭收入）	10.48	0.00	13.10
妻子的年龄	20—55 岁	39.60	20.00	55.00
妻子年龄的平方		1 677.64	289.00	3 600.00
丈夫的年龄	20—60 岁	41.16	20.00	60.00
丈夫年龄的平方		1 802.98	64.00	3 600.00
妻子工作	有工作，=1；其他，=0	0.59	0.00	1.00
丈夫工作	有工作，=1；其他，=0	0.93	0.00	1.00
城镇	城镇 =1；乡村 =0	0.52	0.00	1.00
妻子收入的分位数	妻子收入在女性收入中的分位数	0.52	0.04	1.00
丈夫收入的分位数	妻子收入在女性收入中的分位数	0.55	0.29	1.00
妻子的学历	1 到 7 分别表示文盲到研究生以上	3.07	1.00	7.00
丈夫的学历	1 到 7 分别表示文盲到研究生以上	3.30	1.00	7.00
妻子的健康水平	从 1 到 7 表示很差到很好	5.80	1.00	7.00
丈夫的健康水平	从 1 到 7 表示很差到很好	5.86	1.00	7.00

数据来源：作者根据 CFPS2014 年数据整理

二、回归结果

根据 CFPS2014 数据库中关于婚姻满意度的描述，65.08% 的样本选择“5”，即“非常满意”，因此我们将之定义婚姻满意为“1”，选择其他答案的定义婚姻满意为“0”，使用线性概率模型对模型进行估计[①]。

$$Happy_i = \beta_0 + \beta_1 \times Wifemore_i(incratio_i) + \beta_2 \times X_i + \varepsilon_i \qquad (6.1)$$

我们重点考察的是妻子收入超过丈夫（*Wifemore*）对婚姻满意度的影响。

① 附录部分我们按照原始数据的婚姻满意度的答案，并使用有序 Probit 模型进行估计，结果是稳健的。

另外，我们还调查了妻子收入比例（*incratio*）对婚姻满意度的影响。控制变量包括夫妻双方的年龄、教育水平、收入水平、健康状况、家庭的收入水平、孩子个数、夫妻是否工作的虚拟变量、城镇虚拟变量、性别虚拟变量、省份虚拟变量，所有的结果都在社区水平做了聚类处理。

表 6 - 4 的回归结果显示：当妻子的收入超过丈夫之后，婚姻幸福的概率下降了 5.57%，我们控制夫妻收入分位数之后，结果变成了 -5.98%。也就是说，妻子收入超过丈夫后，婚姻幸福的概率下降了 5.98%。同时，我们也考虑了妻子收入比例对婚姻幸福感的影响，我们发现：妻子的收入占比每增加 1%，婚姻满意度为幸福的概率就下降 0.0161%；控制丈夫和妻子收入的分位数之后，结果变成了妻子的收入每上升 1%，婚姻满意度为幸福的概率就下降 2.58%。这表明：妻子收入超过丈夫确实会降低婚姻的质量。

表 6 - 4　　回归结果

	(1)	(2)	(3)	(4)
Wifemore	-0.0557** (0.0253)	-0.0598** (0.0280)		
incratio			-0.161** (0.0680)	-0.258*** (0.0891)
男性	0.127*** (0.0112)	0.127*** (0.0112)	0.127*** (0.0112)	0.127*** (0.0112)
孩子数	0.0166 (0.0126)	0.0166 (0.0126)	0.0166 (0.0126)	0.0169 (0.0125)
妻子收入的对数	-0.000364 (0.00309)	-0.00180 (0.00368)	0.00430 (0.00372)	0.00254 (0.00385)
丈夫收入的对数	-0.00804 (0.00680)	-0.00787 (0.00680)	-0.0145* (0.00807)	-0.0189** (0.00822)
家庭收入的对数	0.00436 (0.0125)	0.00159 (0.0162)	0.00529 (0.0124)	0.00354 (0.0158)
妻子年龄	-0.0123 (0.00870)	-0.0126 (0.00869)	-0.0112 (0.00862)	-0.0116 (0.00863)

续表

	(1)	(2)	(3)	(4)
妻子年龄的平方	0.000176 (0.000112)	0.000181 (0.000112)	0.000160 (0.000111)	0.000166 (0.000111)
丈夫年龄	0.00809 (0.00793)	0.00790 (0.00796)	0.00834 (0.00782)	0.00819 (0.00786)
丈夫年龄的平方	-0.000117 (0.000103)	-0.000114 (0.000104)	-0.000119 (0.000102)	-0.000117 (0.000103)
妻子是否工作	0.0270 (0.0261)	0.0247 (0.0264)	0.0342 (0.0264)	0.0322 (0.0264)
丈夫是否工作	0.0470 (0.0435)	0.0426 (0.0439)	0.0514 (0.0428)	0.0407 (0.0432)
城镇	-0.00974** (0.00486)	-0.00967** (0.00488)	-0.0101** (0.00481)	-0.00999** (0.00483)
丈夫收入的分位数		0.00563 (0.0471)		-0.0180 (0.0476)
妻子收入的分位数		0.0479 (0.0729)		0.152* (0.0838)
丈夫教育水平	控制	控制	控制	控制
妻子教育水平	控制	控制	控制	控制
丈夫健康状况	控制	控制	控制	控制
妻子健康状况	控制	控制	控制	控制
省份	控制	控制	控制	控制
常数	0.581*** (0.176)	0.605*** (0.194)	0.606*** (0.174)	0.656*** (0.192)
观测样本	5 298	5 298	5 298	5 298
R - squared	0.126	0.126	0.126	0.127

注：括号内为稳健标准误：*** $p<0.01$，** $p<0.05$，* $p<0.1$，所有的回归以社区水平进行了聚类分析。

传统的性别身份认同中，丈夫的收入应该高于妻子。如果妻子收入超过丈夫，可能引起妻子不满、丈夫不甘心，甚至是周围人的非议，从而降低夫妻婚姻的满意度。但是个体身份认同的不一致，可能会导致不一样的结果。接下来我们将会进一步探讨身份认同对婚姻满意度的影响。

第三节　稳健性检验

本节我们使用 2006 年中国综合社会调查（CGSS）检验前文结论的稳健性。2006 年的中国综合社会调查数据使用 PPS 抽样法在全国（除去西藏自治区、青海省、香港特别行政区、澳门特别行政区、台湾地区）抽取了 10 151 个样本，样本分为农村卷、城市卷和家庭卷，其中家庭卷是在农村卷和城市卷的基础上选取 3 208 个个体继续调查。本节我们选择已婚样本，去掉无效样本之后还剩下 2 170 个样本，其中男性 967 人，女性 1 203 人。

家庭问卷中包含了关于个人婚姻满意度的调查："总的来说：您对您的婚姻生活感到满意吗?" 答案从 "1" 到 "5"，代表从 "非常不满意" 到 "非常满意"。表 6－5 显示：对婚姻感到满意的女性占比为 80.7%，而男性中对婚姻感到满意的占比为 85.7%。男性的婚姻满意度仍高于女性。

表 6－5　　婚姻满意度统计

总的来说：您对您的婚姻生活感到满意吗？	全部	男性	女性
非常不满意	21	13	8
不满意	51	16	35
无所谓满不满意	288	109	179
满意	1 509	692	817
非常满意	301	137	164
总的来说：您对您的婚姻生活感到满意吗？	全部	男性	女性
Total	2 170	967	1 203

数据来源：作者根据 CGSS（2006）数据整理

问卷还包括性别角色的调查："丈夫的责任就是赚钱，妻子的责任就是照顾家庭"，答案从 "1" 到 "7"，代表从 "非常同意" 到 "非常不同意"。从表 6－6 中我们看到，58.0% 的男性和 61.3% 的女性认同 "丈夫的责任就是赚钱，妻子的责任就是照顾家庭”的性别分工模式[①]，这与第三次社会妇女调查及 CFPS2014 的结论是一致的[②]。

表 6-6　　　　性别角色调查结果

丈夫的责任就是赚钱，妻子的责任就是照顾家庭	全部	男性	女性
非常同意	138	61	77
相当同意	415	177	238
有些同意	745	323	422
无所谓同意不同意	372	176	196
有些不同意	364	173	191
相当不同意	107	47	60
非常不同意	29	10	19
Total	2 170	967	1 203

数据来源：作者根据 CGSS（2006）数据整理。

接下来我们考察女性的收入占比与家庭婚姻幸福的关系。与前文一样，我们考察的方程如下：

$$Happy_i = \beta_0 + \beta_1 \times Wifemore_i(incratio_i) + \beta_2 \times X_i + \varepsilon_i \qquad (6.2)$$

其中，$Happy_i$ 表示婚姻的质量，在 CGSS2006 年家庭调查问卷中从“1”到“5”，代表从“不满意”到“非常满意”，我们把对“婚姻满意”和“非常满意”的个体取 $Happy_i = 1$。和前一节一样，文章的控制变量包括夫妻双方的年龄、年龄平方、教育水平[③]、收入水平、家庭的收入水平、孩子个数、夫妻是否工作的虚拟变量、城镇虚拟变量、性别虚拟变量、省份虚拟变量，健康水平相比之前的回归，我们加入了婚姻持续时间与结婚时谁的收入更高变量，所有的回归都使用线性概率模型进行估计[④]，所有省级水平进行聚类（*cluster*），

---

① 我们把选择“非常同意”“相当同意”或者“有些同意”的个体定义为认同“丈夫的责任就是赚钱，妻子的责任就是照顾家庭”的性别分工模式。

② 尽管调查的比例与 2010 年第三期中国妇女社会地位调查的结果大体上是一致的，但也有不一样之处，在 CGSS2006 年调查中，女性认同“男主外、女主内”的比例甚至高于男性。

③ CGSS2006 年问卷中关于配偶的教育水平的样本缺失值太多，为了不影响本书的研究，我们只考虑自身的教育水平。

④ 附录中我们按照原始的安安使用有序 Probit 估计的结果，结果是稳健的。

结果见表 6 – 7。

表 6 – 7　　稳健性检验回归结果

	(1)	(2)	(3)	(4)
妻子挣得更多	-0.0309* (0.0173)	-0.0379* (0.0212)		
妻子收入比例			-0.128* (0.0666)	-0.243** (0.110)
年龄	-0.00278 (0.00876)	-0.00300 (0.00861)	-0.00267 (0.00866)	-0.00311 (0.00854)
年龄的平方	0.000451 (0.00984)	0.000622 (0.00969)	0.000346 (0.00983)	0.000695 (0.00968)
配偶年龄	-0.00655 (0.00875)	-0.00635 (0.00868)	-0.00664 (0.00911)	-0.00619 (0.00909)
配偶年龄的平方	0.00585 (0.00918)	0.00571 (0.00916)	0.00316 (0.00242)	0.00322 (0.00243)
自己收入	0.00486 (0.00784)	0.00563 (0.0120)	-0.00643 (0.00429)	-0.00252 (0.00570)
配偶收入	-0.00146 (0.00360)	0.00197 (0.00677)	0.00877 (0.0136)	0.0110 (0.0133)
结婚持续时间	控制	控制	控制	控制
家庭收入	控制	控制	控制	控制
性别	控制	控制	控制	控制
子女个数	控制	控制	控制	控制
夫妻是否工作	控制	控制	控制	控制
农村样本	控制	控制	控制	控制
丈夫工资分位数		控制		控制
妻子工资分位数		控制		控制
丈夫教育水平	控制	控制	控制	控制
妻子教育水平	控制	控制	控制	控制
夫妻健康状况	控制	控制	控制	控制
省份	控制	控制	控制	控制

续表

	(1)	(2)	(3)	(4)
Constant	0. 818 *** (0. 187)	0. 795 *** (0. 206)	0. 871 *** (0. 194)	0. 919 *** (0. 203)
Observations	2 170	2 170	2 170	2 170
R - squared	0. 068	0. 068	0. 068	0. 070

注：括号内标准误：*** p<0. 01，** p<0. 05，* p<0. 1，所有的回归在省水平上进行了聚类分析。

回归方程（1）的结果显示：当妻子的收入超过丈夫后，婚姻的满意度会下降3. 09%；控制夫妻的相对收入之后，婚姻满意度下降了3. 79%。回归方程（3）的结果显示，妻子收入比例提高10%，婚姻满意程度下降0. 128%；控制夫妻收入的分位数之后，这一结果变成0. 243%。以上结果与表6 - 4类似，这表明我们的结论是稳健的。

第四节 本章小结

本章我们从性别身份认同的角度研究家庭收入对婚姻满意度的影响，具体来讲，就是妻子收入超过丈夫对婚姻满意度的影响。我们首先使用CFPS2014的数据发现：妻子收入超过丈夫可以导致婚姻满意度下降。我们还使用2006年中国综合社会调查数据进行了稳健性分析，结果仍然支持我们的假设。按照传统的单一决策理论和集体决策理论分析，妻子的收入占比不会影响婚姻的质量。而性别身份认同可以解释这一现象：传统的“男主外、女主内”的性别身份认同仍得到多数人的认可，在这一身份认同模式下，丈夫的收入应该超过妻子。根据Akerlof和Kranton（2000）的文章，如果个体违背身份认同，会导致自己的效用下降，具体到本书，则是导致婚姻满意度的下降。

本章的结论还为第三章的现象提供了一个可行的解释：女性放弃了一部分收入换取更高的婚姻满意度。另外，也为我们理解婚姻满意度提供了一个全新的视角，使我们对“传统”与“现代”中碰撞的社会变化有了更深刻的理解。同时，为身份认同影响个体行为提供一个新的证据。

第七章　性别身份认同、家务劳动与主观幸福感

第一节　引言

传统意义上主观幸福感是心理学研究的范畴，但是近年来，越来越多的经济学者（田国强和杨立岩，2006；罗楚亮，2006、2009；王韬和鲁元平，2011）也对这个话题表现出较大的兴趣。人类的一切活动从根本上来讲，都是为了提高主观幸福感，因此我们有必要弄清楚影响主观幸福感的因素。

现有的文献对主观幸福感的研究较多。Easterlin（1974）的文章首先研究了经济发展与个体主观幸福感的关系，他发现国民收入与主观幸福感的关系呈倒“U”状，即所谓的“Easterlin 悖论”。田国强和杨立岩（2006）的文章认为，健康、就业和婚姻等非收入的因素才是解释“Easterlin 悖论”的关键。而何立新和潘春阳（2011）认为，收入差距和机会不均等是产生“Easterlin 悖论”的重要原因。研究表明，就业状况也是影响个体主观幸福感的重要因素，罗楚亮（2006）的文章发现，失业能够极大程度的降低个体的主观幸福感。王海成和郭敏（2015）的研究发现，非正规就业的劳动力的主观幸福感显著低于正规就业者，收入的不稳定性是导致这一现象的主要原因。还有很多学者研究相对收入和收入差距对主观幸福感的影响。罗楚亮（2009）的文章发现，相对收入对主观幸福感影响非常大，绝对收入能提高主观幸福感，但是却与幸福指数的关联度并不高。彭代彦和吴宝新（2008）的研究发现，村庄内的农业收入差距也会影响主观幸福感，但是非农业收入差距则无影响。他们认为，非农业收入差距是个体能力的差距引起的，但是农业收入差距可能是土地分配

不公平造成的。王鹏（2011）的研究发现，中国居民的主观幸福感与收入差距呈倒“U”型关系，临界点在基尼系数为0.4左右，而目前中国绝大多数县的基尼系数已经大于这个值。王韬和鲁元平（2011）则认为，收入不平等会对主观幸福感产生直接和间接的影响，间接的方面是通过提高犯罪率来影响居民的幸福感。宏观因素同样也会影响主观幸福感，陈刚（2013）年的文章指出，通货膨胀会减少主观幸福感，通货膨胀每上升1%，相当于GDP减少1.13%。苏桎芳、王海成和郭敏（2013）认为，食品价格上涨对居民幸福感有显著负向影响，特别是对农村居民和低收入的城市居民。另外一个对居民幸福感有显著影响的是政府公共管理能力。胡洪曙和鲁元平（2012）的文章认为，政府民生性质的公共支出可以显著提高农村居民的幸福程度。陈刚和李树（2013）的文章认为，政府治理水平对农村居民和低收入居民的主观幸福感有较大的影响，但是对高收入者影响不显著。而陈前恒、林海和吕之望（2014）的文章发现，村庄民主发育程度对居民主观幸福感有显著正向影响。另外，还有学者从居民财富（刘宏、明瀚翔和赵阳，2013）、住房（李涛、史宇鹏和陈斌开，2011）的角度研究主观幸福感。雷晓燕、许文健和赵耀辉（2014）的文章分析了1949年以来的婚姻匹配模式，发现对农村的女性而言，“高攀”的婚姻确实提高了她们的生活质量。但是她们研究的着眼点在于婚姻匹配模式对生活满意度的影响。

Becker（1965）正式将家庭生产引入经济学的分析，他认为只有把市场工作所获得的收入和家庭生产相结合，才能够获得效用。佟新和刘爱玉（2015）的文章使用中国第三期妇女地位调查的数据，统计出城镇双职工家庭中，男性平均每天的工作时间只比女性多23分钟，但是家务时间却少了62分钟。家务多由女性承担[①]，过重的家务负担，可能降低女性的主观幸福感。Akerlof和Kranton（2000）的研究认为，个体的身份认同会影响个体行为。在传统的家庭分工中，家务劳动更多是女性的任务，尽管她们可能不愿意，但是仍需承担过重的家务，这就可能会降低她们的主观幸福感。本书尝试用家务劳动对主观幸福感的影响来研究性别身份认同对个体主观幸福感的

① 据《第三期中国妇女地位调查主要数据报告》显示：72.7%的已婚人士认为，妻子承担的家务劳动比丈夫更多。

影响机制。

据作者所知，国内还没有从性别身份认同的视角来研究家务劳动对主观幸福感影响的文献，本书的尝试，进一步丰富了主观幸福感的文献。接下来的安排如下，第二节对文章数据进行简单的介绍及描述性统计分析，第三节实证分析性别身份认同对家务劳动时间的影响，第四节分析了家务劳动对主观幸福感的影响并分析了可能的影响机制，第五节进行总结。

第二节　数据介绍

本书使用中国家庭追踪调查 2014 年的数据进行研究。该数据库由北京大学中国社会调查中心实施，采用多阶段、内隐分层和人口规模成比例的方法对 25 个省、自治区和直辖市的 16 000 个家庭的全部成员进行调查，数据不仅包括了被调查者的的年龄、教育和工作等个人信息，还包括他们的配偶、家庭信息。同时，2014 年的数据还包括了受访者的性别身份认同、婚姻满意度、幸福感等数据，因此适合于本书的研究。

考虑到本书研究的需要，我们选取 20—60 岁的已婚男性和 20—55 岁的已婚女性，并且夫妻双方至少有一方在工作、至少有一方家务劳动时间不为 0。我们对夫妻的家务劳动的相关数据做简单的统计分析。

首先我们分性别对家务劳动的时间和比例进行简单的统计（见表 7 - 1 和表 7 - 2）。

表 7 - 1　　家务时间统计（小时/天）

		样本数	平均数	中位数	标准差	最小值	最大值
男性	乡村	823	1.11	1	1.34	0	10
	城市	1 537	0.97	1	1.07	0	10
女性	乡村	824	2.48	2	1.72	0	10
	城市	1 540	2.18	2	1.51	0	10

数据来源：中国家庭追踪调查 2014 年数据。

表 7－2　　家务比例统计

		样本数	平均数	中位数	标准差	最小值	最大值
男性	乡村	823	29.0%	25.0%	27.1%	0.0%	100.0%
	城市	1 537	30.2%	33.3%	26.0%	0.0%	100.0%
女性	乡村	824	70.9%	73.9%	26.9%	0.0%	100.0%
	城市	1 540	69.8%	66.7%	26.0%	0.0%	100.0%

数据来源：中国家庭追踪调查 2014 年数据。

从统计结果可以看到：

第一，男性的家务时间少于女性，城市男性平均每天的家务时间比女性少 1.22 小时，农村男性则比女性少 1.36 小时。在传统的性别分工中，家务劳动主要是女性承担，因此出现这一结果也是正常的，农村的传统性别观念更强，使得男女的家务时间差异更大。

第二，城市居民的家务劳动时间少于乡村居民，和第三期中国妇女地位调查的结果是一致的。

第三，从比例上来看，无论是城市还是农村，女性的家务占比都在 70% 左右，农村女性家务比例略高于城市女性。这和大多数文献的结果也是一致的（张锦华和胡军辉，2012；佟新和刘爱玉，2015；胡军辉和叶尔肯拜・苏琴，2016）。

接下来我们分析性别身份认同和家务时间之间的关系。2014 年中国家庭追踪调查（CFPS）对受访者性别身份认同态度进行采访，包括“男人以事业为重，女人以家庭为重”，对这个问题的态度会影响个体家务劳动的参与时间，因此我们按照男女性别对家务时间进行了分类统计，结果见表 7－3。

表 7－3　　性别身份认同与家务时间（小时/天）

认同程度	男人以事业为重，女人以家庭为重			
	男性		女性	
	样本数	家务时间	样本数	家务时间
1	123	1.105	213	1.727
2	155	0.978	187	1.845
3	613	0.931	591	1.994
4	522	0.967	489	2.407
5	977	1.095	914	2.625

注：认同程度从“1”到“5”表示从“非常不同意”到“非常同意”。

我们看到，男性的家务时间和他们对“男人以事业为重，女人以家庭为重”认同程度的相关度较小，但是越是认同传统男女性别分工的女性，其家务时间越长。

本书的主要目的是探究家务与主观幸福感的关系，调查问卷中关于主观幸福感的问卷为：“您有多幸福”，答案从“0”到“10”分别表示主观幸福感从最低到最高，我们首先对二者的关系做简单的统计分析（见表7－4）。

表7－4　　家务满意程度与主观幸福感

对方家务贡献满意度	幸福感：丈夫		对方家务贡献满意度	幸福感：妻子	
	样本数	平均值		样本数	均值
1	28	7.607	1	168	6.696
2	51	6.039	2	219	7.155
3	268	6.724	3	546	7.440
4	520	7.308	4	531	7.876
5	1 523	8.088	5	930	8.394

注：认同程度从“1”到“5”表示从“非常不同意”到“非常同意”。

结果显示：无论男性还是女性，对对方的家务满意程度越高，幸福感越高。由于男性的家务参与程度本身就较低，从数据上看，妻子对丈夫家务贡献的满意程度远低于丈夫对妻子家务贡献的满意度。综合之前对数据的简单分析，我们提出以下猜测：

第一，性别身份认同会影响家务劳动的决策。

第二，家务劳动会通过家务满意度影响主观幸福感。

接下来将会通过实证的方法验证以上的结论。

第三节　性别身份认同对家务的影响

本节我们主要考察性别身份认同对家务劳动决策的影响。Becker（1965）首先提出单一决策模型（Unitary Model），在该模型中家庭作为一个整体决定工作、家务劳动时间的分配。Chiappori（1988）提出了建立在合作基础上的集体决策模型（Collective Model）。在该模型中，人们首先按照谈判能力对家庭的资源进行分配，然后再最大化自己的效用。实证研究大多否定单一决策模型（Schultz，1990；Morozumi，2012；Champpori，2002；齐良书，2005；Chau，2007，Kapan，2009）的文章发现传统的农村家庭却符合单一决策模型。

参考杨菊华（2014），於嘉（2014），刘爱玉、佟新和付伟（2015）的研究思路，我们将自变量划分为绝对资源、相对资源、时间可及以及其他控制变量。

（1）绝对资源。包括夫妻的受教育程度以及绝对收入水平。较高的绝对收入水平可能导致家庭更多的购买家务劳动的服务，如可以通过购买家用电器、雇佣钟点工等方式来减少家务劳动（杨菊华，2014）。

（2）相对资源。相对资源包括妻子的收入占比以及学历的高低，主要影响夫妻在家务分配中的谈判能力（齐良书，2005；於嘉，2014）。

（3）时间可及。主要指各自的工作时间。在时间有限的情况下，如何在无偿家务劳动和有偿的工作之间作出抉择，是任何一个个体都要面临的抉择（杨菊华，2014）。

（4）其他控制变量。包括孩子数、年龄、是否城市、省份。这些因素都会影响个体的决策。如孩子较小时，女性可能需要更多的时间照顾家庭，这样导致她们多做家务（刘爱玉、佟新和付伟，2015）。

我们首先对回归变量进行简单的描述性统计，结果见表 7－5。

表 7－5　　回归变量统计

变量	说明	均值	最小值	最大值
家务时间	去掉超过 10 小时的样本	1.65	0.00	10.00
家务比例	小时/天	0.50	0.00	1.00
主观幸福感	0—10，数值越大越幸福	7.78	0.00	10.00
婚姻满意度	0—5，数值越大越满意	4.48	1.00	5.00
对方经济贡献满意度	0—5，数值越大越满意	4.28	0.00	5.00
对方家务贡献满意度	0—5，数值越大越满意	4.11	1.00	5.00
男女分工	0—5，数值越大越传统	3.79	1.00	5.00
配偶对男女分工态度	0—5，数值越大越传统	3.79	1.00	5.00
收入比例		0.50	0.00	1.00
妻子教育	=1，妻子教育程度更高	0.31	0.00	1.00

续表

变量	说明	均值	最小值	最大值
丈夫年龄	60 岁以下	39.89	18.00	60.00
妻子年龄	55 岁以下	38.22	17.00	55.00
丈夫教育	1—7 表示从文盲到研究生	3.13	1.00	7.00
妻子教育	1—7 表示从文盲到研究生	3.35	1.00	7.00
工作时间	小时/周	38.02	0.00	110.00
配偶工作时间	小时/周	38.03	0.00	110.00
丈夫收入对数		9.79	0.00	12.85
妻子收入对数		6.76	0.00	12.51
家庭收入的对数		10.55	0.69	13.10
妻子健康水平	1—7：数值越大越健康	5.85	1.00	7.00
丈夫健康水平	1—7：数值越大越健康	5.85	1.00	7.00
6 岁以下孩子数		0.34	0.00	3.00
6—18 岁孩子数		0.49	0.00	7.00
城镇	=1，城镇	0.65	0.00	1.00
省份	25 个	34.90	11.00	64.00

注：观测值个数：4 652。

数据来源：CFPS2014

考虑到家务时间必须大于 0，而且家务比例在 0 和 1 之间，我们将使用 Tobit 模型进行处理。具体的回归方程如下：

$$hwtime_i(hwratio_i) = \beta_0 + \beta_1 \times attitude_i + \beta_2 \times attitude_{si} + \beta_3 \times X_i + \varepsilon_i \tag{7.1}$$

其中，$attitude_i$ 表示妻子的性别分工观念与男性家务态度，$attitude_{si}$ 表示妻子性别分工与男性家务态度，X_i 表示其他的自变量。同一个因素对男性和女性的家务劳动的影响可能不同，我们分男女两个样本对问题进行研究（见表 7-6）。

表 7-6　　　　性别身份认同与家务决策

	家务时间		家务比例	
	女性	男性	女性	男性
女性对男女分工的态度	0.0960*** (0.0257)	0.00138 (0.0286)	0.0137** (0.00640)	-0.00932 (0.00684)

续表

	家务时间		家务比例	
	女性	男性	女性	男性
男性对男女分工态度	0.0221 (0.0274)	-0.00807 (0.0268)	0.00959 (0.00683)	-0.0134** (0.00641)
收入占比	-0.530** (0.270)	-0.522* (0.280)	-0.131* (0.0670)	-0.138** (0.0672)
更多教育	-0.0543 (0.106)	-0.188* (0.113)	0.00874 (0.0265)	-0.0486* (0.0271)
女性年龄	0.0415*** (0.0115)	0.0181 (0.0120)	0.00537* (0.00287)	0.00385 (0.00287)
男性年龄	0.0101 (0.0114)	-0.00539 (0.0121)	-0.00345 (0.00285)	-0.00586** (0.00289)
女性工作时间	-0.00806*** (0.00168)	-0.00940*** (0.00182)	-0.00164*** (0.000417)	-0.00296*** (0.000436)
男性工作时间	0.00554*** (0.00174)	0.000827 (0.00174)	0.00302*** (0.000436)	0.00160*** (0.000418)
女性收入的对数	-0.0322** (0.0151)	0.0628** (0.0299)	-0.00352 (0.00380)	0.0186*** (0.00717)
男性收入的对数	-0.0552* (0.0287)	0.0199 (0.0159)	-0.0189*** (0.00709)	0.00330 (0.00382)
家庭收入对数	0.0126 (0.0510)	-0.238*** (0.0533)	0.0382*** (0.0127)	-0.0368*** (0.0128)
0—6 岁孩子数	0.285*** (0.0712)	0.0644 (0.0752)	-0.00651 (0.0178)	0.00373 (0.0180)
6—18 岁孩子数	0.152*** (0.0469)	0.134*** (0.0493)	-0.0106 (0.0118)	0.0105 (0.0118)
城镇	-0.00472 (0.0719)	-0.123 (0.0752)	0.0233 (0.0180)	-0.0185 (0.0180)
女性健康程度	控制	控制	控制	控制
男性健康程度	控制	控制	控制	控制
教育	控制	控制	控制	控制

续表

	家务时间		家务比例	
	女性	男性	女性	男性
省份	控制	控制	控制	控制
常数	0.283 (0.617)	3.369 *** (0.653)	0.274 * (0.153)	0.867 *** (0.157)
Observations	2 328	2 324	2 328	2 324

注：括号内为稳健标准误：*** $p<0.01$，** $p<0.05$，* $p<0.1$。

（1）回归（1）和回归（2）的结果显示，越是认同传统男女分工的女性，其家务劳动时间越长，具体来讲，对传统男女分工认同程度每提高1单位，每天的家务时间就增加0.1小时，而丈夫对性别分工的态度不会影响她们的家务时间。对男性而言，自己的性别分工态度以及妻子的分工态度都不会影响他们的家务时间。

（2）回归（3）和回归（4）的结果显示，越是认同传统分工的女性，其家务劳动比例越重，具体来讲，对传统男女分工程度每提高1单位，家务比例就增加1.37%，而丈夫对性别分工的态度不会影响她们的家务比例。对男性而言，妻子对男女分工的态度会影响他们的家务比重，妻子对传统男女分工认同程度每提高1单位，他们的家务比例减少1.34%，和妻子增加的比例几乎是一致的。

我们认为，性别身份认同是造成上述现象的主要原因。传统意义上，家务是女性的职责，对男性而言，他们即便不认同传统的性别分工方式，想做更多的家务，但迫于周围的压力，也可能选择少做，因此性别分工观念对他们家务劳动时间的影响不显著。而对女性而言，她们家务时间远超过男性，即便她们当中的某些人并不认同传统的性别分工模式，家务时间相对较短，但是仍比她们丈夫高出不少。

第四节　家务劳动对主观幸福感的影响

传统的“男主外、女主内”的性别分工模式可能会导致女性家务劳动负担过重，我们进一步思考，家务劳动可能会影响个人的主观幸福感么？本节我们分析家务劳动时间对主观幸福感的影响，并考察可能的机制。

一、家务劳动对主观幸福感的影响

上节我们考察了性别分工观念对已婚男女的家务决策的影响。我们发现，男性的家务时间不受性别分工观念的影响，女性的家务时间则受到显著的影响。本节分析家务劳动时间对主观幸福感的影响。

$$happiness_i = \beta_0 + \beta_1 \times housework_i + \beta_2 \times X_i + \varepsilon_i \tag{7.2}$$

在（7.2）中，$happiness_i$ 表示主观幸福感，取值从“1”到“10”，表示从“非常不幸福”到“非常幸福”，参考现有的研究，除了自己和配偶的家务时间外，其他的控制变量包括自己和配偶的年龄及年龄的平方，自己和配偶的收入、家庭收入，自己和配偶的健康水平，自己和配偶的工作时间，对自己收入、家庭地位的评价，对家庭的收入、对配偶收入的满意程度。模型使用有序 Probit 进行估计，结果以省级水平进行聚类分析，结果见表 7 - 7。[①]

表 7 - 7　　　　家务时间对主观幸福感的影响

	家务时间对幸福感的影响	
	女性	男性
自己家务时间	-0.0373** (0.0167)	-0.0223 (0.0216)
配偶家务时间	0.00514 (0.0209)	0.00808 (0.0165)
其他变量	控制	控制
样本数	2 328	2 324

注：括号内为稳健标准误：*** p < 0.01，** p < 0.05，* p < 0.1，结果以省级水平进行聚类分析。

从回归结果上来看，对女性而言，家务时间越长，她们的主观幸福感越低，丈夫的家务时间对她们的主观幸福感无影响。对男性而言，自己和配偶家务时间对他们主观幸福的影响不显著。家务劳动通过什么影响主观幸福感？接

① 完整的表格见附录表 D1。

下来我们对其中一个可能的影响机制进行考察。

二、一个可能的影响机制

本节我们研究家务劳动影响婚姻满意度的机制。在第二节统计性分析中，我们发现，“对方家务贡献满意度”与“主观幸福感”正相关，因此我们猜测家务劳动时间可能会通过影响家务满意度对主观幸福感产生影响。接下来，我们参考 Baron 和 Kenny（1986）提出的“中介作用”的模型检验“对方家务贡献满意度”的“中介作用”。

$$\begin{cases} Y = \alpha_1 + \beta_1 \times X + \varepsilon_1 \\ M = \alpha_2 + \beta_2 \times X + \varepsilon_2 \\ Y = \alpha_3 + \beta_3 \times X + \beta_4 \times M + \varepsilon_3 \end{cases} \tag{7.3}$$

在（7.3）中，X 表示自变量，M 表示中介变量，Y 表示因变量，α 表示截距项，ε 表示误差项，$\beta_1 - \beta_4$ 为回归系数。如果以下条件成立，则中介作用是存在的：

（1）若 β_1 显著，表明 X 对 Y 有影响。

（2）若 β_2 显著，表明 X 对 M 有影响。

（3）若 β_4 显著，β_3 不显著，则表明 X 完全通过影响 M 来影响 Y（完全中介效应）；若 β_4 显著，β_3 显著则中介效应显著，为“部分中介效应”。

回归方程（7.3）的第一个方程和（7.2）一样，其中 X 表示个体的家务时间，Y 表示主观幸福感，而第二个方程的 M 表示对方家务贡献满意度，第三个方程在第一个方程的基础上加入“对方家务贡献满意度”，其他控制变量 X 的选取和（7.2）的一样。

表 7－8 显示，对女性而言，“对方家务贡献满意度”是“部分中介”。我们通过 Sobel（1982）提出的方法检验中介效应，即通过检验 $s = \beta_2 * \beta_4 / \sqrt{\beta_2^2 s_{\beta_4}^2 + \beta_4^2 s_{\beta_2}^2}$ 的显著性，其中 $s_{\beta_2}^2$ 是 β_2 的方差，$s_{\beta_4}^2$ 是 β_4 的方差，原假设 H_0：$\beta_2 * \beta_4 = 0$，即不存在中介效应。经计算，拒绝原假设，结果在5%水平上显著，可以认为中介效应是显著的。因此，可以认为“对方家务贡献满意度”是女性家务时间影响她们自己的主观幸福感的一个机制。在传统的性别分工中，女性会承担更多的家务，可能她们并不愿意，但是却不得不为之。沉重的家务负

担，会导致她们对丈夫的家务贡献度不满意，进而降低她们的主观幸福感。对男性而言，家务本身就不是他们的任务，做多做少全凭自愿，因此不影响他们的主观幸福感。

表 7-8　　家务时间对主观幸福的影响机制分析

VARIABLES	家务时间对主观幸福感的影响		对方家务贡献满意度		中介作用检验	
	女性	男性	女性	男性	女性	男性
家务时间	-0.0373** (0.0167)	-0.0223 (0.0216)	-0.0486* (0.0254)	-0.145*** (0.0359)	-0.0564** (0.0271)	-0.0227 (0.0410)
配偶的家务时间	0.00514 (0.0209)	0.00808 (0.0165)	0.296*** (0.0416)	0.145*** (0.0401)	0.330*** (0.0404)	0.377*** (0.0548)
对方家务贡献满意度					0.336*** (0.0402)	0.376*** (0.0522)
其他变量	控制	控制	控制	控制	控制	控制
Observations	2 328	2 324	2 328	2 324	2 328	2 324

注：括号内为稳健标准误：*** $p<0.01$，** $p<0.05$，* $p<0.1$。

第五节　本章小结

本章我们考察性别身份认同对家务劳动进而对主观幸福感的影响。传统的“男主外、女主内”的性别分工模式要求女性照顾家庭，因此家务成了女性责无旁贷的任务。通过使用中国家庭追踪调查 2014 年的数据，我们发现已婚女性每天的家务时间比丈夫多一个小时以上，而且占比也超过七成。进一步我们实证分析了性别分工观念对男女性家务劳动的影响，我们发现：性别分工观念越传统，女性的家务时间越多，但是对男性家务时间的影响不显著。我们认为，社会主流的观念中，做家务是女性的任务，男性即使不赞同“男主外、女主内”的分工模式，迫于社会的压力，他们仍然不会显著增加自己的家务劳动时间。这也是 Akerlof 和 Kranton（2000）文章中指出身份认同影响个体行为的一个主要途径：违背身份认同的行为，会遭受他人的惩罚，导致效用下降。

文章还分析了家务劳动对主观幸福感的影响，我们发现：家务劳动对女性主观幸福感有显著负向影响，而对男性的主观幸福感无显著影响。使用中介作用模型发现，对配偶的家务满意程度是一条可能的传导机制。过重的家务负担，导致她们对配偶的家务满意程度较低，从而降低她们的主观幸福感。结合之前的分析，那些不认同传统性别身份认同的女性，家务时间更短，主观幸福感可能更高。

本书从性别身份认同的角度分析家务劳动对主观幸福感的影响，为我们理解家务时间分配以及主观幸福感的影响因素提供了一个新的视角，也为性别身份认同影响个体行为增加了新的证据。

第八章　总　　结

Akerlof和Kranton（2000）首先从经济学的角度分析身份认同对个体行为的影响。他们认为，不同的身份对应着不同的社会分类及个体行为，如果个体的行为偏离了他们身份，效用就会下降。2010年第三期中国妇女社会地位调查和2014年中国家庭追踪调查数据表明，超过半数的中国人支持“男主外、女主内”的性别分工模式。这种身份认同会怎样影响个体行为？本书分析了“男主外、女主内”的性别身份认同对已婚女性收入、劳动参与、婚姻状况、婚姻满意度以及主观幸福感的影响。现有的研究对上述问题的研究很多，本书试图从性别身份认同的角度做一个全新的解释。

第三章研究了身份认同对双收入家庭中妻子收入的影响。我们使用2005年1%人口抽样调查、中国健康与营养调查数据库、中国家庭追踪调查以及中国综合社会调查的数据计算了双收入家庭中妻子收入占夫妻收入的比例，然后使用McCrary（2008）方法检验妻子收入占比的分布在50%处的连续性。结果发现：分布在50%处不连续，这意味着家庭会避免妻子收入超过丈夫的现象。进一步地，我们使用2005年1%人口抽样调查的数据实证发现，收入占比略低于50%的女性的教育回报率显著低于收入略高于50%的样本，这表明：存在妻子故意降低收入以避免超过丈夫的行为。按照传统的单一决策模型（Unitary Model）解释，妻子会尽力提高自己的收入，以最大化整个家庭的收入，而在集体决策模型（Collective Model）中，妻子也会尽量提高自己的收入，从而提高自己的谈判能力，这两个模型都无法解释这一现象。我们认为，性别身份认同可能是一个合理的解释，在传统的“男主外、女主内”的分工模式下，女性的分工是照顾家庭，赚钱不是主要的任务，主流的认同会导致她们的行为遵循这一模式。

为了进一步验证第三章的猜测，我们在第四章研究了身份认同对女性工资和劳动供给的影响。首先我们使用 2005 年 1% 人口抽样调查的数据验证了妻子工资超过丈夫的概率对她的劳动供给和工资的影响。我们发现：妻子的工资超过丈夫的概率越大，她们参与劳动的概率越低。我们还发现：已婚女性的工资超高她们丈夫的概率越大，她们的工资低于潜在工资的比例越大，工具变量的结果仍然是稳健的。为了进一步的验证我们的结论，使用了中国家庭追踪调查 2014 年的数据，发现女性对“男人以事业为主，女人以家庭为主”的观念认同度每提高“1”单位，其劳动参与的概率就下降 2.00%；而参加了工作的女性，工资则下降 2.97%。以上的结论都表明，身份认同会影响已婚女性的劳动概率和工资。

第五章从性别身份认同的角度研究了高学历“剩女”大增的原因。中国人口普查数据显示：中国适龄男、女青年的结婚率越来越低，而且出现女性受教育程度越高，结婚率越低的现象。学者们对这一现象有较多的研究，我们另辟蹊径，从身份认同的角度研究了这一问题。数据显示：仍然有超过半数的人认同传统的男女分工模式。与此同时，越来越多的女性受过高等教育，她们对“男主外、女主内”的性别身份认同度较低，导致她们的性别身份认同与社会主流的认识相矛盾，从而导致她们婚姻匹配成功率下降。我们使用了 2005 年 1% 人口抽样调查的数据实证发现：女性受教育程度越高、工资超过男性的概率越大，其结婚的概率越低。进一步地，我们使用中国家庭追踪调查 2014 年的数据发现，女性身份认同越传统，结婚概率也越低。这些发现都验证了我们的判断：越来越多的女性受过高等教育，她们的性别身份认同与主流认同矛盾，导致高学历“剩女”越来越多。这为我们理解中国婚姻市场提供了一个新的角度。

第六章研究性别身份认同对婚姻满意度的影响。我们使用 2014 年中国家庭追踪调查的数据实证发现，妻子的收入超过丈夫，会导致夫妻双方婚姻满意度下降。我们使用中国综合社会调查 2006 年的数据进行了稳健性检验，结果仍是类似的。传统的单一决策模型（Unitary Model）和集体决策模型（Collective Model）中，妻子的收入超过丈夫不会导致婚姻满意度下降。而性别身份认同可以解释这一现象：传统的“男主外、女主内”的性别身份认同仍得到多数人的认可，在这一身份认同下，丈夫的收入应该超过妻子。根据 Akerlof

和 Kranton（2000）的文章，如果个体违背身份认同，会导致自己的效用下降，具体到本书，则是导致了婚姻满意程度的下降。这也为第三章的现象提供了一个可行的解释：女性放弃了一部分收入换取更高的婚姻满意度。

第七章研究性别身份认同对家务劳动的影响来进一步分析主观幸福感的影响。我们使用 2014 年中国家庭追踪调查数据实证发现：传统的性别身份认同对女性的家务时间有显著的正向影响，但是对男性的家务时间没有影响。我们认为，对男性而言，即便他们不认同传统的性别分工模式，但是碍于周围人的压力，使得他可能不会做更多的家务。对女性而言，她们家务时间远超过男性，即使他们中的部分人并不认可传统的性别分工模式，家务时间相对较短，但是仍比她们丈夫高出不少。进一步的研究表明，家务时间对女性的主观幸福感有显著负向影响，而对男性无显著影响。通过中介模型我们发现：家务时间可能通过影响女性对配偶家务满意度来影响女性主观幸福感。我们认为，“男主外、女主内”的性别分工模式下，家务是女性的责任，不管她们愿不愿意都必须做，但是过多的家务时间，会引起她们对丈夫家务贡献的不满，从而降低自己的主观幸福感。对男性而言，家务是一种选择，可做可不做，即使他们做了较多的家务，也是自己主动的选择，不会影响他们的主观幸福感。

本书的研究为身份认同对个体行为的影响提供了有力的证据。同时，这些发现还为我们深入的理解性别工资差异、女性劳动供给、“剩女”、婚姻幸福以及主观幸福感提供了一个新的视角。事实上，“身份认同”还可以解释很多现象，如地域歧视、宗族等，这可能是进一步的研究方向。

参考文献

[1] 常进雄，赵海涛．所有制性质对农村户籍劳动力与城镇户籍劳动力工资差距的影响研究 [J]．经济学：季刊，2016 (1)：627 - 646.

[2] 畅红琴．中国农村性别收入差距变化趋势：1993、1997 和 2006 [J]．人口与发展，2009 (5)：57 - 62.

[3] 柴国俊，邓国营．大学毕业生性别工资差异与行业隔离 [J]．妇女研究论丛，2013 (1)：100 - 109.

[4] 陈刚．通货膨胀的社会福利成本——以居民幸福感为度量衡的实证研究 [J]．金融研究，2013 (2)：60 - 73.

[5] 陈佳鞠．夫妻权力结构对婚姻满意度的影响——基于 cgss2006 数据的实证分析 [J]．内蒙古大学学报：哲学社会科学版，2015 (4)：67 - 75.

[6] 陈璐，范红丽．家庭老年照料会降低女性劳动参与率吗？——基于两阶段残差介入法的实证分析 [J]．人口研究，2016 (3)：71 - 81.

[7] 陈璐，范红丽，赵娜，褚兰兰．家庭老年照料对女性劳动就业的影响研究 [J]．经济研究，2016 (3)：176 - 189.

[8] 陈前恒，林海，吕之望．村庄民主能够增加幸福吗？——基于中国中西部 120 个贫困村庄 1 800 个农户的调查 [J]．经济学：季刊，2014 (1)：723 - 744.

[9] 程璆，郑逸芳，许佳贤．家庭禀赋、结构制约与已婚女性劳动供给——基于 2010 年中国综合社会调查数据的分析 [J]．劳动经济研究，2017 (2)：80 - 95.

[10] 第三期中国妇女社会地位调查课题组．第三期中国妇女社会地位调查主要数据报告 [J]．妇女研究论丛，2011 (6)：5 - 15.

[11] 董志勇，肖才德. 中国中年人群婚姻满意度的影响因素：基于计量经济学模型的分析 [J]. 技术经济与管理研究，2010 (1)：97 - 101.

[12] 范红丽，陈璐. 替代效应还是收入效应？——家庭老年照料对女性劳动参与率的影响 [J]. 人口与经济，2015 (1)：91 - 98.

[13] 范子英. 为买房而离婚——基于住房限购政策的研究 [J]. 世界经济文汇，2016 (4)：1 - 17.

[14] 冯其云，朱彤. 贸易开放与女性劳动参与率——基于省级面板数据的经验研究 [J]. 南开经济研究，2013 (4)：139 - 152.

[15] 高丽君，郑涌. 婚姻关系中的性别角色与家务分工 [J]. 中国心理卫生杂志，2012 (7)：543 - 546.

[16] 高梦滔. 农村离婚率与外出就业：基于中国 2003—2009 年村庄面板数据的研究 [J]. 世界经济，2011 (10)：55 - 69.

[17] 高亚. 农村劳动力性别工资差距变化趋势分析 [D]. 南京农业大学硕士毕业论文，2015.

[18] 葛玉好. 部门选择对工资性别差距的影响：1988—2001 年 [J]. 经济学：季刊，2007 (1)：607 - 628.

[19] 葛玉好，曾湘泉. 市场歧视对城镇地区性别工资差距的影响 [J]. 经济研究，2011 (6)：45 - 56.

[20] 郭婷，秦雪征. 婚姻匹配、生活满意度和初婚离婚风险——基于中国家庭追踪调查的研究 [J]. 劳动经济研究，2016 (6)：42 - 68.

[21] 何立新，潘春阳. 破解中国的"Easterlin 悖论"：收入差距、机会不均与居民幸福感 [J]. 管理世界，2011 (8)：11 - 22.

[22] 何泱泱，刘国恩，徐程. 中国职业隔离与性别工资差异的变化趋势研究 [J]. 经济科学，2016 (4)：78 - 89.

[23] 胡浩. 我国城乡劳动力的性别工资差异 [D]. 山西财经大学硕士毕业论文，2011.

[24] 胡洪曙，鲁元平. 公共支出与农民主观幸福感——基于 cgss 数据的实证分析 [J]. 财贸经济，2012 (10)：23 - 33.

[25] 胡军辉，叶尔肯拜·苏琴. 经济社会发展与城乡劳动力家务时间配置 [J]. 中国农村经济，2016 (2)：23 - 35.

[26] 黄枫. 人口老龄化视角下家庭照料与城镇女性就业关系研究 [J]. 财经研究, 2012 (9): 16-26.

[27] 黄永明, 何凌云. 城市化、环境污染与居民主观幸福感——来自中国的经验证据 [J]. 中国软科学, 2013 (12): 82-93.

[28] 江涛. 中国性别结构失衡、搜寻匹配与婚姻推迟——一项基于经济学的解释及其验证 [J]. 人文杂志, 2013 (10): 48-54.

[29] 蒋承, 赵晓军. 中国老年照料的机会成本研究 [J]. 管理世界, 2009 (10): 80-87.

[30] 靳小怡, 李成华, 李艳. 性别失衡背景下中国农村人口的婚姻策略与婚姻满意度——对X市和全国百村调查的分析 [J]. 青年研究, 2011 (6): 1-10.

[31] 雷晓燕, 许文健, 赵耀辉. 高攀的婚姻更令人满意吗? 婚姻匹配模式及其长远影响 [J]. 经济学: 季刊, 2014 (3): 31-50.

[32] 李春玲, 李实. 市场竞争还是性别歧视——收入性别差异扩大趋势及其原因解释 [J]. 社会学研究, 2008 (2), 94-117.

[33] 李宏兵, 蔡宏波, 王永进. 市场潜能加剧了性别工资不平等吗? [J]. 数量经济技术经济研究, 2014 (1): 22-41.

[34] 李后建. 门当户对的婚姻会更幸福吗? ——基于婚姻匹配结构与主观幸福感的实证研究 [J]. 人口与发展, 2013 (2): 56-65.

[35] 李磊, 王小洁, 蒋殿春. 外资进入对中国服务业性别就业及工资差距的影响 [J]. 世界经济, 2015 (10): 169-192.

[36] 李利英, 董晓媛. 性别工资差异中的企业效应 [J]. 经济研究, 2008 (9): 122-135.

[37] 李实, 马欣欣. 中国城镇职工的性别工资差异与职业分割的经验分析 [J]. 中国人口科学, 2006 (5): 2-13.

[38] 李实, 宋锦, 刘小川. 中国城镇职工性别工资差距的演变 [J]. 管理世界, 2014 (3): 53-65.

[39] 李实, 杨修娜. 农民工工资的性别差异及其影响因素 [J]. 经济社会体制比较, 2010 (5): 82-89.

[40] 李书娟, 徐现祥. 身份认同与经济增长 [J]. 经济学: 季刊, 2016

(3): 941 - 962.

[41] 李书娟, 徐现祥, 戴天仕. 身份认同与夜间灯光亮度 [J]. 世界经济, 2016 (8): 169 - 192.

[42] 李树茁, 姜全保, 伊莎贝尔·阿塔尼等. 中国的男孩偏好和婚姻挤压——初婚与再婚市场的综合分析 [J]. 人口与经济, 2006 (4): 1 - 8.

[43] 李涛, 史宇鹏, 陈斌开. 住房与幸福: 幸福经济学视角下的中国城镇居民住房问题 [J]. 经济研究, 2011 (9): 69 - 82.

[44] 李晓敏. 互联网普及对离婚率的影响 [J]. 中国人口科学, 2014 (3): 77 - 87.

[45] 李煜. 婚姻的教育匹配: 50 年来的变迁 [J]. 中国人口科学, 2008 (3): 73 - 79.

[46] 李煜. 婚姻匹配的变迁: 社会开放性的视角 [J]. 社会学研究, 2011 (4): 122 - 136.

[47] 林莞娟, 赵耀辉. "重男轻女" 降低女性福利吗? 离婚与抚养压力 [J]. 经济学: 季刊, 2015 (1): 135 - 158.

[48] 刘爱玉, 佟新, 付伟. 双薪家庭的家务性别分工: 经济依赖、性别观念或情感表达 [J]. 社会, 2015 (2): 109 - 136.

[49] 刘斌, 李磊. 贸易开放与性别工资差距 [J]. 经济学: 季刊, 2012 (3): 429 - 460.

[50] 刘斌, 李磊, 莫骄. 幸福感是否会传染? [J]. 世界经济, 2012 (6): 132 - 160.

[51] 刘宏, 明瀚翔, 赵阳. 财富对主观幸福感的影响研究——基于微观数据的实证分析 [J]. 南开经济研究, 2013 (4): 95 - 110.

[52] 刘军强, 熊谋林, 苏阳. 经济增长时期的国民幸福感——基于 CGSS 数据的追踪研究 [J]. 中国社会科学, 2012 (12): 82 - 102.

[53] 刘爽, 郭志刚. 北京市大龄未婚问题的研究 [J]. 人口与经济, 1999 (4): 14 - 20.

[54] 刘晓昀, Terry Sicular, 辛贤. 中国农村劳动力非农就业的性别差异 [J]. 经济学: 季刊, 2003 (3): 711 - 720.

[55] 刘妍, 脱继强. 江苏省农村已婚女性劳动力非农就业的影响因素分

析［J］. 中国人口科学，2008（2）：88－94.

［56］卢晶亮，冯帅章. 贸易开放、劳动力流动与城镇劳动者性别工资差距——来自1992—2009年中国省际面板数据的经验证据［J］. 财经研究，2015（12）：15－25.

［57］陆文聪，吴连翠. 兼业农民的非农就业行为及其性别差异［J］. 中国农村经济，2011（6）：54－62.

［58］罗楚亮. 城乡分割、就业状况与主观幸福感差异［J］. 经济学：季刊，2006（3）：817－840.

［59］罗楚亮. 绝对收入、相对收入与主观幸福感——来自中国城乡住户调查数据的经验分析［J］. 财经研究，2009（11）：79－91.

［60］罗俊峰. 农民工性别工资差异研究［D］. 首都经济贸易大学博士论文，2015.

［61］曼纽尔·卡斯特. 认同的力量（第二版）［J］. 北京：社会科学文献出版社，2003.

［62］马光荣，郭庆旺，刘畅. 财政转移支付结构与地区经济增长［J］. 中国社会科学，2016（9）：105－125.

［63］毛学峰，刘靖，张车伟. 中国的工会可以降低性别工资差异吗［J］. 经济学动态，2016（5）：26－36.

［64］莫玮俏，史晋川. 农村人口流动对离婚率的影响［J］. 中国人口科学，2015（5）：104－112.

［65］彭代彦，吴宝新. 农村内部的收入差距与农民的生活满意度［J］. 世界经济，2008（4）：79－85.

［66］彭青青，李宏彬，施新政，吴斌珍. 中国市场化过程中城镇女性劳动参与率变化趋势［J］. 金融研究，2017（6）：33－49.

［67］牛建林. 夫妻教育匹配对婚姻关系质量的影响研究［J］. 妇女研究论丛，2016（4）：24－35.

［68］齐良书. 议价能力变化对家务劳动时间配置的影响——来自中国双收入家庭的经验证据［J］. 经济研究，2005（9）：78－90.

［69］齐亚强，牛建林. 新中国成立以来我国婚姻匹配模式的变迁［J］. 社会学研究，2012（1）：106－129.

[70] 2016年全球性别差距报告 [J]. 世界经济论坛，2016.

[71] 申广军，邹静娴. 金融发展与女性劳动参与的地区差异 [J]. 劳动经济研究，2016 (2)：28－47.

[72] 申顺芬，林明鲜. 婚姻满意度研究：以山东省为例 [J]. 人口研究，2013 (4)：92－102.

[73] 沈可，章元，鄢萍. 中国女性劳动参与率下降的新解释：家庭结构变迁的视角 [J]. 人口研究，2012 (5)：15－27.

[74] 沈新凤. 内生家庭谈判力与婚姻匹配 [J]. 经济学：季刊，2011 (10)：1235－1250.

[75] 苏梽芳，王海成，郭敏. 食品价格上涨对中国居民主观幸福感的影响 [J]. 中国人口科学，2013 (6)：59－70.

[76] 谭琳. 男女平等的理论内涵与社会推动：基于中国现实的讨论 [J]. 妇女研究论丛，2002 (6)：5－10.

[77] 田国强，杨立岩. 对"幸福——收入之谜"的一个解答 [J]. 经济研究，2006 (11)：4－15.

[78] 万海远，李实. 户籍歧视对城乡收入差距的影响 [J]. 经济研究，2013 (9)：43－55.

[79] 汪伟. 农民夫妻非农就业决策的微观基础分析——以山东省肥城市为例 [J]. 中国农村经济，2010 (3)：45－54.

[80] 王存同，余姣. 中国婚姻满意度水平及影响因素的实证分析 [J]. 妇女研究论丛，2013 (1)：25－32.

[81] 王海成，郭敏. 非正规就业对主观幸福感的影响——劳动力市场正规化政策的合理性 [J]. 经济学动态，2015 (5)：50－59.

[82] 王靖雯，魏思琦. "婚姻法司法解释三"对女性劳动力供给的影响 [J]. 经济学动态，2016 (7)：44－50.

[83] 王美艳. 中国城市劳动力市场上的性别工资差异 [J]. 经济研究，2005 (12)：35－44.

[84] 王鹏. 收入差距对中国居民主观幸福感的影响分析——基于中国综合社会调查数据的实证研究 [J]. 中国人口科学，2011 (3)：93－101.

[85] 王韬，鲁元平. 收入不平等、社会犯罪与国民幸福感——来自中国

的经验证据［J］. 经济学：季刊，2011（4）：1437－1458.

［86］韦艳，张力. 农村大龄未婚男性的婚姻困境：基于性别不平等视角的认识［J］. 人口研究，2011（5）：58－70.

［87］吴贾，姚先国，张俊森. 城乡户籍歧视是否趋于止步——来自改革进程中的经验证据：1989—2011［J］. 经济研究，2015（11）：148－160.

［88］吴群锋. 进口竞争缓解了制造业性别工资歧视吗？［J］. 国际贸易问题，2017（4）：49－61.

［89］吴伟平，章元，刘乃全. 房价与女性劳动参与决策——来自CHNS数据的证据［J］. 经济学动态，2016（11）：57－67.

［90］吴要武，刘倩. 高校扩招对婚姻市场的影响：剩女？剩男？［J］. 经济学：季刊，2014（4）：5－30.

［91］吴愈晓. 影响城镇女性就业的微观因素及其变化：1995年与2002年比较［J］. 社会，2010（6）：136－155.

［92］解垩. 健康对劳动力退出的影响［J］. 世界经济文汇，2011（1）：109－120.

［93］熊瑞祥，李辉文. 儿童照管、公共服务与农村已婚女性非农就业——来自cfps数据的证据［J］. 经济学：季刊，2016（1）：393－414.

［94］徐安琪. 择偶标准：五十年变迁及其原因分析［J］. 社会学研究，2000（6）：18－30.

［95］徐安琪，叶文振. 婚姻满意度：度量指标及其影响因素［J］. 中国社会科学，1998（1）：144－159.

［96］许传新. 婚姻关系满意度：留守妇女与非留守妇女的比较研究［J］. 妇女研究论丛，2009（5）：25－32.

［97］姚先国，谭岚. 家庭收入与中国城镇已婚妇女劳动参与决策分析［J］. 经济研究，2005（7）：18－27.

［98］於嘉. 性别观念、现代化与女性的家务劳动时间［J］. 社会，2014（2）：166－192.

［99］於嘉，谢宇. 社会变迁与初婚影响因素的变化［J］. 社会学研究，2013（4）：1－25.

［100］张川川. 子女数量对已婚女性劳动供给和工资的影响［J］. 人口

与经济，2011（5）：29－35.

［101］张丹丹．市场化与性别工资差异研究［J］．中国人口科学，2004（1）：32－41.

［102］张锦华，胡军辉．城乡差别对中国居民家庭时间配置的影响——以家务劳动时间为例［J］．中国人口科学，2012（6）：83－92.

［103］张贵良，雷韬，梁海梅．婚姻幸福及其相关因素的研究［J］．社会学研究，1996（4）：106－116.

［104］张抗私，刘翠花．大学毕业生性别工资差异的实证研究［J］．经济与管理研究，2017（9）：84－94.

［105］张淑华，李海莹，刘芳．身份认同研究综述［J］．心理研究，2012（1）：21－27.

［106］章莉，李实，William. A. DarityJr，Rhonda，Vonshay，Sharpe. 中国劳动力市场上工资收入的户籍歧视［J］．管理世界，2014（11）：35－46.

［107］章逸然，章飚，胡凤英．“女大难嫁”还是“男大难婚”——婚姻匹配的男女差异与“剩男剩女”的代价［J］．人口与经济，2015（5）：13－24.

［108］赵春明，文磊，李宏兵．进口产品质量、来源国特征与性别工资差距［J］．数量经济技术经济研究，2017（5）：20－37.

［109］赵宁，李永杰．贸易全球化对女性劳动参与率的影响［J］．中国人口科学，2015（4）：83－92.

［110］周春芳．儿童看护、老人照料与农村已婚女性非农就业［J］．农业技术经济，2013（11）：94－102.

［111］周旅军．中国城镇在业夫妻家务劳动参与的影响因素分析——来自第三期中国妇女社会地位调查的发现［J］．妇女研究论丛，2013（5）：90－101.

［112］周翔翼，宋雪涛．招聘市场上的性别歧视——来自中国19130份简历的证据［J］．中国工业经济，2016（8）：145－160.

［113］Aizer A.. The Gender Wage Gap and Domestic Violence［J］. *American Economic Review*，2010，100（4）：1847.

［114］Akerlof G，Kranton R.. Economics and Identity［J］. *The Quarterly Journal of Economics*，2000，115（3）：715－753.

[115] Akerlof G., Kranton R.. Identity and schooling: some lessons for the economics of education [J]. *Journal of Economic Literature*, 2002, 40 (4): 1167 - 1201.

[116] Akerlof G., Kranton R.. Identity and the economics of organizations [J]. *Journal of Economic Perspectives*, 2005, 19 (1): 9 - 32.

[117] Akerlof G., Kranton R.. Identity Economics: How Our Identities Shape Our Work, Wages, and Well - being [M]. Princeton University Press, 2010.

[118] Alesina A., Tella R., Macculloch R.. Inequality and happiness: are europeans and americans different? [J]. *Journal of Public Economics*, 2004, 88 (9): 2009 - 2042.

[119] Angrist, J.. How do sex ratios affect marriage and labor markets? evidence from america's second generation [J]. *Quarterly Journal of Economics*, 2002, 117 (3): 997 - 1038.

[120] Appleton S., Song L., Xia Q.. Understanding urban wage inequality in china 1988 - 2008: evidence from quantile analysis [J]. *World Development*, 2014 (62): 1 - 13.

[121] Baron R., Kenny D.. The moderator - mediator variable distinction in social psychological research: conceptual, strategic, and statistical considerations [J]. *Journal of Personality & Social Psychology*, 1986, 51 (6): 1173 - 82.

[122] Bartik. T.. Who Benefits from State and Local Economic Development Policies? [J]. *Journal of Policy Analysis and Management*, 1993, 12 (2): 411 - 413.

[123] Bertrand M.. New Perspectives on Gender. Handbook of Labor Economics (4b), 2011: 1543 - 1590.

[124] Bertrand M, Kamenica E., Pan J.. Gender identity and relative income within households [J]. *The Quarterly Journal of Economics*, 2015, 130 (2): 571 - 614.

[125] Becker G.. A Theory of the Allocation of Time [J]. *Economic Journal*, 1965, 75 (299): 493 - 517.

[126] Becker G.. A Theory of Marriage: Part I [J]. *Journal of Political*

Economy, 1973, 81 (4): 813 - 846.

[127] Becker G.. A Theory of Marriage: Part II [J]. *Journal of Political Economy*, 1974, 82 (2): S11 - S26.

[128] BishopA., Luo F., Wang F.. Economic transition, gender bias, and the distribution of earnings in china [J]. *Economics of Transition*, 2010, 13 (2): 239 - 259.

[129] Blau D., Robins P.. Child - Care Costs and Family Labor Supply [J]. *Review of Economics and Statistics*, 1988, 70 (3): 374 - 381.

[130] Brollo F., Nannicini T., Perotti R., Tabellini, G.. The political resource curse [J]. *The American Economic Review*, 2013, 103 (5): 1759 - 1796.

[131] Bursztyn L., Fujiwara T., PallaisA.. Acting Wife: Marriage Market Incentives and Labor Market Investments. National Bureau of Economic Research, 2017.

[132] Cain G.. The economic analysis of labor market discrimination: A survey [J]. *Handbook of labor economics*, 1986 (1): 693 - 785.

[133] Chaparri P.. Rational Household Labor Supply [J]. *Econometrica*, 1988, 56 (1): 63 - 89.

[134] Chaparri P.. Collective Labor Supply and Welfare [J]. *Journal of Political Economy*, 1992, 100 (3): 437 - 467.

[135] Chappori P., Fortin B.. Lacroix G.. Mariage market, divorce legislation and household labor supply [J]. *Journal of Political Economy*, 2002, 110 (1): 37 - 72.

[136] Chiappori. P., Iyigun M., Weiss Y.. Investment in schooling and the marriage market [J]. *American Economic Review*, 2009, 99 (5): 1689 - 1713.

[137] Charles K., Guryan J., Pan J.. Sexism and women's labor market outcomes. Working Paper, University of Chicago, 2009.

[138] Chau T. Testing the colective model of household labor supply: Evidence from China [J]. *China Economic Review*, 2007, 18 (4): 389 - 402.

[139] Choo E., Siow A.. Who marries whom and why [J]. *Journal of Political Economy*, 2006, 114 (1): 175 - 201.

[140] Cheng Z., Guo F., Hugo G., Yuan X.. Employment and wage discrimination in the chinese cities: acomparative study of migrants and locals [J]. *Habitat International*, 2013, 39 (39): 246-255.

[141] Chi W., Li B.. Trends in china's gender employment and pay gap: estimating gender pay gaps with employment selection [J]. *Journal of Comparative Economics*, 2014, 42 (3): 708-725.

[142] Clark A., Oswald A.. Unhappiness and unemployment [J]. *Economic Journal*, 1994, 104 (424): 648-659.

[143] Clark A., Oswald A.. Satisfaction and comparison income [J]. *Journal of public economics*, 1996, 61 (3): 359-381.

[144] Dimaggio P., Mohr J.. Cultural capital, educational attainment, and marital selection [J]. *American Journal of Sociology*, 1985, 90 (6): 1231-1261.

[145] Deaux K.. Reconstructing social identity [J]. *Personality & Social Psychology Bulletin*, 1993, 19 (1): 4-12.

[146] Dong X., Macphail F., Bowles P., Ho S.. Gender segmentation at work in china's privatized rural industry: some evidence from shandong and jiangsu [J]. *World Development*, 2004, 32 (6): 979-998.

[147] Easterlin R.. Does economic growth improve the human lot? Some empirical evidence [J]. *Nations and households in economic growth*, 1974: 89-125.

[148] Eissa N., Hoynes H.. Taxes and the labor market participation of married couples: the earned income tax credit [J]. *Journal of Public Economics*, 2004, 88 (9-10): 1931-1958.

[149] Elder G.. Appearance and education in marriage mobility [J]. *American Sociological Review*, 1969, 34 (4): 519.

[150] Fernández R.. Cultural Change as Learning: The Evolution of Female Labor Force Participation over a Century [J]. *American Economic Review*, 2013, 103 (1): 472-500.

[151] Fisman R., Iyengar S., Kamenica E., Simonson I.. Gender differ-

ences in mate selection: evidence from a speed dating experiment [J]. *Quarterly Journal of Economics*, 2006, 121 (2): 673 -697.

[152] Fortin N.. Gender role attitudes and the labour - market outcomes of women across oecd countries [J]. *Oxford Review of Economic Policy*, 2005, 21 (3): 416 -438.

[153] Fortin N.. Gender role attitudes and women's labor market participation: opting - out, aids, and the persistent appeal of housewifery [J]. *Annals of Economics & Statistics*, 2015 (117 -118): 379 -401.

[154] Gale D., Shapley L.. College admissions and the stability of marriage [J]. *American Mathematical Monthly*, 1962, 69 (1): 9 -15.

[155] Goldin C., Lawrence F.. The Power of the Pill: Oral Contraceptives and Women's Career and Marriage Decisions [J]. *Journal of Political Economy*, 2002 (110) 4: 730 -770.

[156] Gustafsson B., Li S.. Economic transformation and the gender earnings gap in urban china [J]. *Journal of Population Economics*, 2000, 13 (2): 305 -329.

[157] Han H.. Trends in educational assortative marriage in China from 1970 to 2000 [J]. *Demographic Research*, 2010, 22 (3): 733 -770.

[158] Hare D.. Women's economic status in rural china: household contributions to male - female disparities in the wage - labor market [J]. *World Development*, 1999, 27 (6): 1011 -1029.

[159] Jenkins, R.. Social Identity. Routledge, 2008Vol (10).

[160] Kapan, T.. Essays on household bargaining. Dissertations & Theses, Gradworks, 2009.

[161] Kerckhoff A., Davis, K.. Value consensus and need complementarity in mate selection [J]. *American Sociological Review*, 1962, 27 (27): 295 -303.

[162] Killingsworth M., Heckman J.. Female labor supply: A survey [J]. *Handbook of labor economics*, 1986 (1): 103 -204.

[163] Kleven, Henrik J., Claus T., Emmanuel S.. The Optimal Income

Taxation of Couples. *Econometrica*, 2009, 77 (2): 537 -560.

[164] Lee W., McKinnish T. The marital satisfaction of differently aged couples [J]. *Journal of Population Economics*, 2017, 30 (7): 1 -26.

[165] Liu P., Meng X., Zhang J. Sectoral gender wage differentials and discrimination in the transitional chinese economy [J]. *Journal of Population Economics*, 2000, 13 (2): 331 -352.

[166] Mare R.. Five decades of educational assortative mating [J]. *American Sociological Review*, 1991, 56 (1): 15 -32.

[167] Maurer. F., Rawski T., Zhang. W. Inequality in the rewards for holding up half the sky: gender wage gaps in china's urban labour market, 1988 -1994 [J]. *China Journal*, 1999 (41): 55 -88.

[168] Martorell P., McFarlin Jr I.. Help or hindrance? The effects of college remediation on academic and labor market outcomes [J]. *The Review of Economics and Statistics*, 2011, 93 (2): 436 -454.

[169] Mcbride M.. Relative - income effects on subjective well - being in the cross - section [J]. *Journal of Economic Behavior & Organization*, 2001, 45 (3): 251 -278.

[170] McCrary J. Manipulation of the running variable in the regression discontinuity design: A density test [J]. *Journal of Econometrics*, 2008, 142 (2): 698 -714.

[171] Meng X. Male - female wage determination and gender wage discrimination in china's rural industrial sector [J]. *Labour Economics*, 1998, 5 (1): 67 -89.

[172] Meng X., Miller P. Occupational segregation and its impact on gender wage discrimination in china's rural industrial sector [J]. *Economics Discussion*, 1993, 47 (1): 136 -155.

[173] Mincer J. Labor Force Participation of Married Women: A Study of Labor Supply [J]. *Economics of Women and Work*, 1962: 334 -345.

[174] Meyer B., Rosenbaum D.. Welfare, the earned income tax credit, and the labor supply of single mothers [J]. *Quarterly Journal of Economics*, 2001,

116 (3): 1063 - 1114.

[175] Morozumi. A test of a unitary model on labour supply using the information of household decision - making systems [J]. *Applied Economics*, 2012, 44 (33): 4291 - 4300.

[176] Neumark D., Postlewaite A.. Relative income concerns and the rise in married women's employment [J]. *Journal of Public Economics*, 1998, 70 (1): 157 - 183.

[177] Ram R. Government spending and happiness of the population: additional evidence from large cross - country samples [J]. *Public Choice*, 2009, 138 (3 - 4): 483 - 490.

[178] Schultz P. Testing the Neoclassical Model of Family Labor Supply and Fertility [J]. *Journal of Human Resources*, 1990, 25 (4): 599 - 634.

[179] Sobel M. E. Asymptotic confidence intervals for indirect effects in structural equation models [J]. *Sociological Methodology*, 1982, 13 (13): 290 - 312.

[180] Tella R., Macculloch R., Oswald A.. The macroeconomics of happiness [J]. *Review of Economics & Statistics*, 2003, 85 (4): 809 - 827.

[181] Wang M., Cai, F. Gender earnings differential in urban china [J]. *Review of Development Economics*, 2010, 12 (2), 442 - 454.

[182] Wassmer R., Lascher, E., Kroll S. Sub - national fiscal activity as a determinant of individual happiness: ideology matters [J]. *Journal of Happiness Studies*, 2009, 10 (5): 563 - 582.

[183] Weeks J. The value of difference. in Rutherford, J. (ed.) Identity: Community, Culture, Difference, London: Lawrence & Wishart, 1990.

附　　录

A. 性别身份认同与已婚女性收入占比

1. 1%人口抽样调查

当我们将区间划分为40等份时，城镇分布在0.5处下降的幅度为 -0.666，*P* 值为1.37%；农村在0.5处下降了 -1.17，*P* 值为1.02%，因此可以认为结果与 *n* 的取值无关，是稳健的。

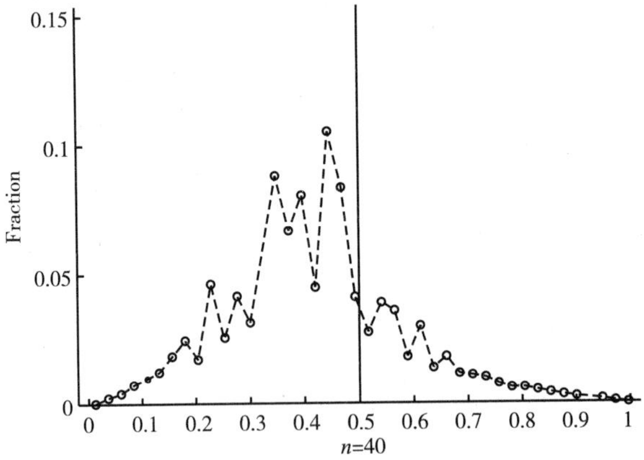

图 A1　城镇妻子收入比例分布

2. 中国健康和营养调查（CHNS）

当我们将区间划分为40等份时，城镇分布在0.5处下降的幅度为 -0.584，

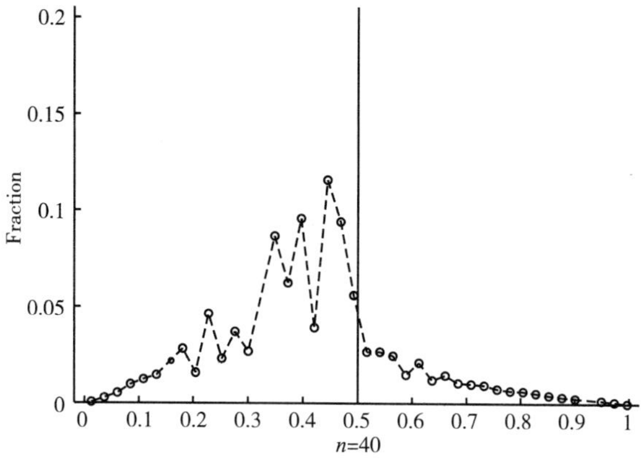

图 A2　农村妻子收入比例分布

P 值为 4.54%；农村在 0.5 处下降了 -0.347，P 值为 3.82%，因此可以认为结果与 n 的取值无关，是稳健的。

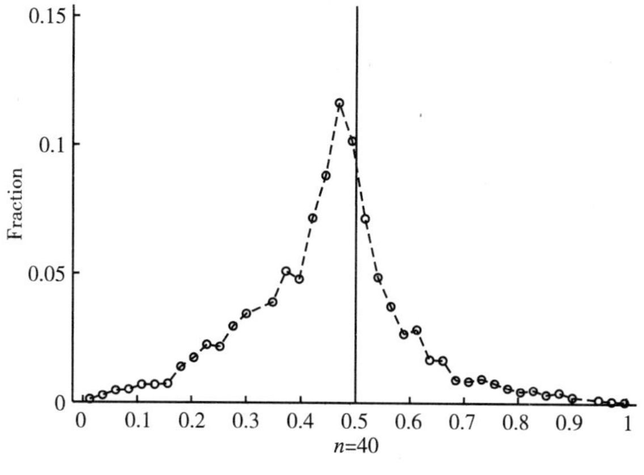

图 A3　城镇妻子收入比例分布

3. 中国家庭追踪调查（CFPS）

当我们将区间划分为 40 等份时，城镇分布在 0.5 处下降的幅度为 -0.392341122，P 值为 5.38%；农村分布在 0.5 处下降的幅度为 -0.34089514，P 值为 7.43%，因此可以认为结果与 n 的取值无关，是稳健的。

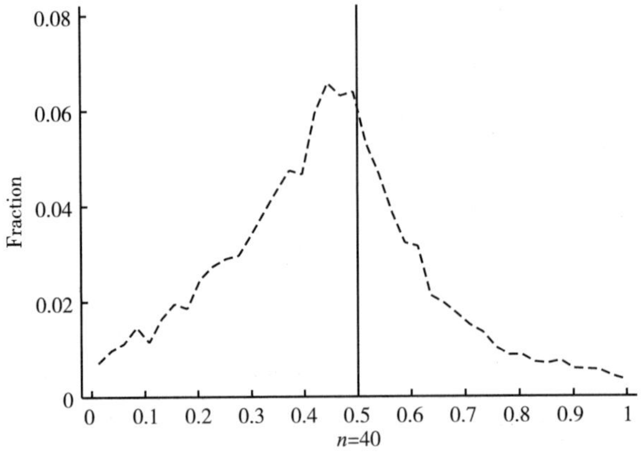

图 A4　农村妻子收入比例分布

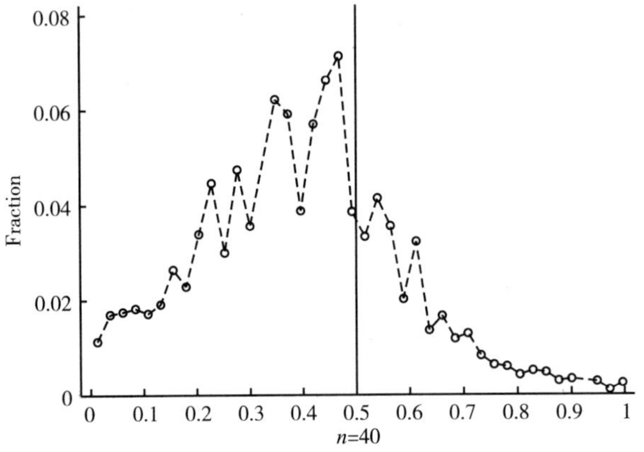

图 A5　城镇妻子收入比例分布

4. 中国社会综合调查（CGSS）

当我们将区间划分为 40 等份时，城镇分布在 0.5 处下降的幅度为 -0.389314677，P 值为 4.62%；农村分布在 0.5 处下降的幅度为 -0.305703529，P 值为 5.40%，因此可以认为结果与 n 的取值无关，是稳健的。

5. 进一步论证

我们对比了收入比例 40%—50% 和 50%—60% 的女性的教育收益率，结果见表 A1。

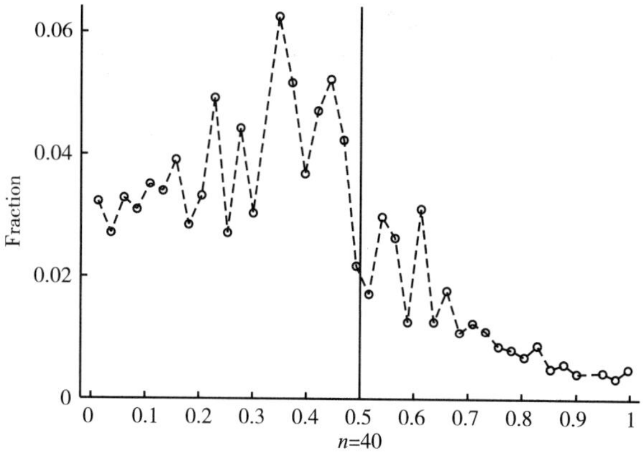

图 A6　农村妻子收入比例分布

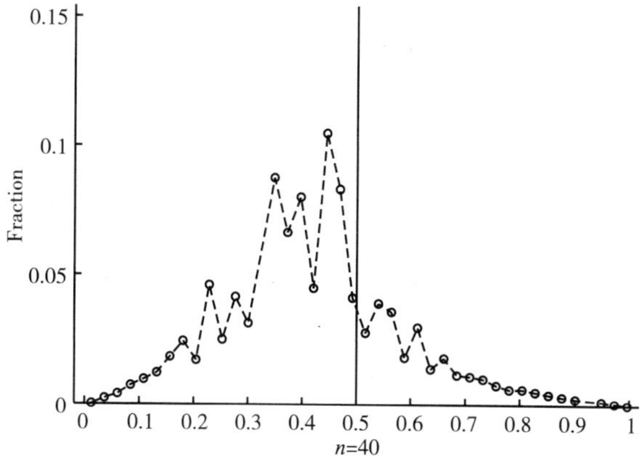

图 A7　城镇妻子收入比例分布

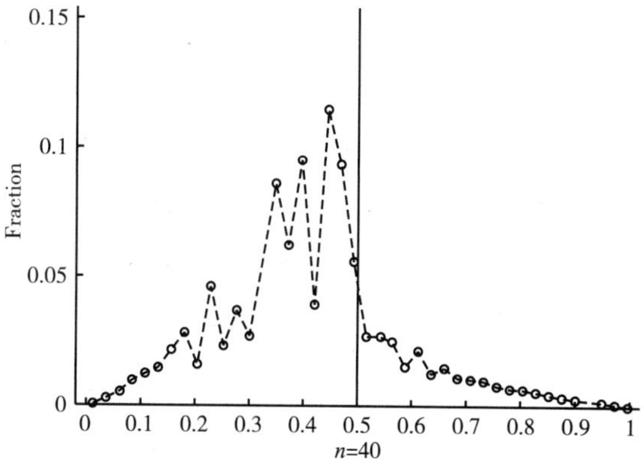

图 A8　农村妻子收入比例分布

表 A1　　　　工资方程估计结果

	工资方程		
	40%—50%样本	50%—60%样本	两个样本的比较
教育年限	0.0490*** (0.000823)	0.0654*** (0.00169)	0.0570*** (0.00129)
45%—50%样本			-0.116*** (0.0123)
40%—50%样本×教育年限			-0.00625*** (0.00129)
经验	0.00792*** (0.00133)	0.00144 (0.00255)	0.00672*** (0.00118)
经验的平方	0.000114*** (2.85e-05)	-3.46e-05 (5.68e-05)	-8.65e-05*** (2.54e-05)
城镇户籍	0.676*** (0.00707)	0.556*** (0.0133)	0.649*** (0.00625)
省份	控制	控制	控制
常数	2.165*** (0.0311)	2.127*** (0.0515)	2.247*** (0.0286)
Observations	60 327	13 454	73 781
R-squared	0.470	0.555	0.503

注：括号内为稳健标准误：*** $p<0.01$，** $p<0.05$，* $p<0.1$。

从表 A1 的结果来看，两个样本区的教育回报率分别为 4.90% 和 6.54%，引入虚拟变量的回归结果表明，40%—50% 区间段样本的教育回报率比 50%—60% 的样本少 0.625%，这表明：收入占比略低于 50% 的女性群体的教育回报率显著低于收入占比高于 50% 的女性群体。

B. 性别身份认同与"剩女"现象

表 B1　　1990 年分年龄、性别有配偶的比例

	男性	女性	文盲		小学		初中		高中/中专		专科		本科及以上	
			男性	女性	男性	女性	男性	女性	男性	女性	男性	女性	男性	女性
20—24 岁	37.26	58.35	32.61	74.82	38.80	64.71	42.64	57.31	22.74	32.90	11.91	18.47	5.42	11.27
25—29 岁	82.43	95.05	57.97	97.01	77.17	97.07	85.95	95.15	84.63	91.84	74.21	81.98	63.94	77.47
30—34 岁	91.42	98.44	71.37	98.76	87.37	99.15	93.89	98.23	95.72	97.30	95.82	93.17	93.60	91.32
35—39 岁	92.34	98.40	75.54	98.43	90.97	98.83	95.75	97.84	97.49	97.56	98.33	95.42	97.41	93.78
40—44 岁	91.93	97.21	75.69	96.70	91.52	97.64	96.22	97.09	97.66	96.77	98.68	95.90	98.47	95.54
45—49 岁	90.65	94.73	77.87	93.65	90.28	95.40	95.26	95.64	97.12	95.87	98.28	95.89	98.63	96.51
50—54 岁	89.06	89.93	80.12	88.40	89.70	91.65	94.27	92.59	96.37	93.89	97.56	94.41	98.17	95.44
55—59 岁	86.72	82.39	80.05	80.96	88.19	86.16	92.91	87.43	95.03	89.35	96.48	90.48	96.81	92.00
60—64 岁	72.64	47.92	66.76	46.10	76.74	62.38	82.35	64.75	84.33	66.83	88.08	71.58	89.07	73.96
65 岁及以上	77.57	81.28	70.70	74.26	79.34	88.53	78.54	83.19	79.09	80.65	76.20	69.46	67.16	64.08

数据来源：作者根据 1990 年人口普查数据整理得到。

表 B2　　2000 年分年龄、性别有配偶的比例

	男性	女性	文盲		小学		初中		高中/中专		专科		本科		研究生及以上	
			男性	女性	男性	女性	男性	女性	男性	女性	男性	女性	男性	女性	男性	女性
20—24 岁	21.14	42.25	27.11	70.81	25.34	45.01	25.34	45.01	12.18	25.29	7.22	16.30	1.52	4.91	1.16	4.51
25—29 岁	74.30	90.45	52.91	93.05	79.12	91.15	79.12	91.15	69.12	84.02	63.68	79.23	55.66	73.18	39.25	57.79
30—34 岁	90.68	97.21	61.24	96.40	93.13	97.36	93.13	97.36	92.02	94.52	92.62	93.83	92.27	93.36	85.33	86.93
35—39 岁	93.44	97.37	62.26	96.66	95.01	97.65	95.01	97.65	95.97	95.61	96.93	94.60	96.72	94.46	96.02	92.51
40—44 岁	93.27	96.77	69.62	96.31	95.04	96.80	95.04	96.80	96.66	95.54	97.64	93.76	97.42	93.26	96.66	91.80
45—49 岁	92.69	95.74	72.41	94.76	95.43	95.68	95.43	95.68	97.20	95.12	98.10	93.65	98.02	93.66	97.07	89.61
50—54 岁	91.34	92.74	72.81	90.38	95.10	93.72	95.10	93.72	97.02	93.34	98.01	93.11	97.88	93.50	97.65	87.35
55—59 岁	89.11	87.45	74.36	84.13	93.54	90.20	93.54	90.20	96.04	90.89	97.41	91.60	97.70	93.31	97.16	90.91
60—64 岁	85.86	78.36	75.14	74.42	91.43	84.52	91.43	84.52	94.36	86.62	96.03	88.12	96.46	90.47	96.51	87.68
65 岁及以上	73.01	48.92	64.52	44.78	82.53	67.20	82.53	67.20	86.72	69.80	89.65	73.67	89.65	76.12	90.17	80.14
总计	80.25	83.15	66.91	68.37	82.40	86.65	82.40	86.65	79.80	79.88	76.83	72.84	69.76	64.60	71.54	62.90

数据来源：作者根据 2000 年人口普查数据整理得到。

表 B3　　　　2005 年分年龄、性别有配偶的比例

	男性	女性	文盲		小学		初中		高中/中专		专科		本科		研究生及以上	
			男性	女性	男性	女性	男性	女性	男性	女性	男性	女性	男性	女性	男性	女性
20—24 岁	20.97	42.36	25.31	64.65	29.25	63.29	25.22	48.46	11.90	26.37	6.05	13.86	2.00	4.47	1.95	2.71
25—29 岁	69.49	86.44	49.42	87.37	66.77	92.55	73.71	89.04	62.77	77.57	55.06	71.20	43.24	59.88	35.53	44.86
30—34 岁	88.45	96.41	58.84	94.12	82.60	97.69	90.26	96.60	88.23	92.78	88.15	91.98	87.13	91.28	80.92	85.14
35—39 岁	92.72	97.25	66.90	95.43	88.05	98.06	94.49	97.35	94.16	94.50	95.56	94.00	95.70	93.45	96.19	89.29
40—44 岁	93.77	96.59	66.88	94.94	88.97	97.29	95.30	96.71	95.51	94.08	96.75	94.43	97.28	93.74	97.65	97.28
45—49 岁	93.31	95.47	73.90	93.91	89.70	95.98	95.11	95.44	96.13	93.85	97.28	92.33	97.53	93.07	99.37	98.04
50—54 岁	92.47	93.70	76.32	91.58	90.82	93.72	95.21	94.03	96.50	94.17	97.96	93.99	98.56	93.50	94.85	87.10
55—59 岁	90.80	89.50	74.99	85.88	90.11	89.91	94.72	91.17	95.91	92.27	97.50	91.85	96.18	92.97	93.88	100.00
60—64 岁	87.66	82.21	74.27	77.78	86.80	83.00	92.67	86.84	94.82	88.12	96.46	90.14	97.80	90.71	100.00	33.33
65 岁及以上	75.32	53.08	64.52	46.60	76.97	62.66	84.62	72.38	88.75	74.73	90.44	76.74	91.44	81.08	88.37	60.00
总计	81.80	83.70	66.78	69.63	83.01	89.85	83.58	87.55	80.58	81.01	76.16	71.26	69.63	61.45	74.79	60.87

数据来源：作者根据 2005 年人口普查数据整理得到。

表 B4　　　　2010 年分年龄、性别有配偶的比例

	男性	女性	文盲		小学		初中		高中/中专		专科		本科		研究生及以上	
			男性	女性	男性	女性	男性	女性	男性	女性	男性	女性	男性	女性	男性	女性
20—24 岁	17.36	32.20	15.20	54.78	28.33	59.36	26.57	46.82	12.31	22.24	5.20	9.72	1.65	3.46	0.96	1.65
25—29 岁	62.64	77.36	36.29	78.17	62.32	87.00	70.50	83.98	59.85	72.75	50.29	64.51	44.11	57.46	27.87	36.69
30—34 岁	85.15	92.58	46.89	87.55	77.02	94.67	87.00	93.99	85.86	90.20	85.98	89.21	85.35	88.33	78.30	81.59
35—39 岁	90.69	95.43	52.93	92.37	83.54	96.84	92.08	96.14	92.18	92.83	93.65	92.42	94.33	92.60	92.02	88.83
40—44 岁	92.50	95.66	57.18	93.48	87.02	96.72	94.13	96.18	94.10	92.78	95.52	92.53	96.22	92.83	95.94	90.57
45—49 岁	93.10	94.58	59.44	92.72	87.69	95.38	94.45	95.25	95.02	92.27	96.34	92.21	96.88	92.29	97.07	90.90
50—54 岁	92.11	92.52	66.34	90.08	88.04	92.85	93.89	93.23	95.08	91.68	96.65	91.41	96.74	91.34	96.73	88.78
55—59 岁	90.86	89.63	69.21	86.36	88.31	89.61	93.54	90.98	95.33	90.66	96.80	90.56	96.90	91.31	96.77	89.46
60—64 岁	88.12	82.90	68.96	77.76	86.47	82.94	92.06	86.58	94.26	87.37	95.85	88.14	96.27	89.19	95.46	88.77
65 岁及以上	74.95	52.35	58.46	41.56	74.29	58.05	83.96	70.54	87.29	72.99	90.06	75.45	90.65	78.43	89.52	72.89
总计	77.30	78.73	59.71	59.92	80.94	84.93	81.70	85.69	75.26	75.33	64.64	60.62	57.48	51.92	59.59	49.35

数据来源：作者根据 2010 年人口普查数据整理得。

C. 性别身份认同、妻子收入与婚姻满意度

根据前面的描述，在 CFPS2014 数据库中关于婚姻满意度的问题，一共有"1"到"5"个选项，"1"代表非常不满意，"5"代表非常满意，本书使用有序 Probit 模型进行估计：

$$Happy_i = \beta_0 + \beta_1 \times Wifemore_i(incratio_i) + \beta_2 \times X_i + \varepsilon_i \quad (C.1)$$

其中，我们重点考察的是妻子收入大于丈夫收入对婚姻满意度的影响，控制变量包括夫妻双方的年龄、年龄的平方、教育的水平、收入水平、家庭的收入水平、孩子个数、夫妻是否工作的虚拟变量、城镇虚拟变量、性别虚拟变量、省份虚拟变量，而观测到了的婚姻满意度 Happy 服从：

$$Happy^* = \begin{cases} 1, happy^* \leqslant r_0 \\ 2, r_0 \leqslant happy^* \leqslant r_1 \\ 3, r_1 \leqslant happy^* \leqslant r_2 \\ 4, r_2 \leqslant happy^* \leqslant r_3 \\ 5, r_3 \leqslant happy^* \end{cases}$$

其中，$r_0 < r_1 < r_2 < r_3$ 是待估计的割点。有序 Probit 模型采用极大似然法对回归系数一致估计量进行估算。同样，在回归中对回归标准误进行省水平的聚类（Cluster），回归结果见表 C1。

表 C1　　　　回归结果

	(1)	(2)	(3)	(4)
妻子收入比例	-0.425** (0.173)		-0.716*** (0.227)	
妻子挣得更多		-0.147** (0.0620)		-0.160** (0.0705)
男性	0.365*** (0.0313)	0.365*** (0.0313)	0.366*** (0.0313)	0.365*** (0.0312)

续表

	(1)	(2)	(3)	(4)
孩子个数	0.0418 (0.0328)	0.0415 (0.0328)	0.0432 (0.0327)	0.0415 (0.0327)
妻子收入的对数	0.00677 (0.00991)	-0.00569 (0.00823)	0.000660 (0.0103)	-0.0115 (0.00985)
丈夫收入的对数	-0.0383* (0.0220)	-0.0212 (0.0190)	-0.0520** (0.0221)	-0.0209 (0.0190)
家庭收入的对数	0.0390 (0.0333)	0.0375 (0.0337)	0.0268 (0.0433)	0.0229 (0.0444)
妻子年龄	-0.0494* (0.0254)	-0.0528** (0.0254)	-0.0516** (0.0253)	-0.0546** (0.0252)
妻子年龄的平方	0.000667** (0.000319)	0.000716** (0.000318)	0.000696** (0.000317)	0.000739** (0.000316)
丈夫年龄	0.0339 (0.0246)	0.0338 (0.0245)	0.0340 (0.0245)	0.0332 (0.0244)
丈夫年龄的平方	-0.000453 (0.000306)	-0.000453 (0.000304)	-0.000450 (0.000304)	-0.000443 (0.000303)
妻子是否工作	0.0951 (0.0727)	0.0767 (0.0718)	0.0848 (0.0726)	0.0662 (0.0727)
丈夫是否工作	0.107 (0.123)	0.0954 (0.125)	0.0741 (0.124)	0.0774 (0.127)
城镇	-0.0150 (0.0128)	-0.0143 (0.0130)	-0.0147 (0.0129)	-0.0140 (0.0131)
丈夫收入的分位数			-0.0215 (0.126)	0.0450 (0.125)
妻子收入的分位数			0.496** (0.226)	0.203 (0.196)
丈夫教育水平	控制	控制	控制	控制
妻子教育水平	控制	控制	控制	控制
省份	控制	控制	控制	控制
观测样本	5 298	5 298	5 298	5 298

注：括号内标准误：*** $p<0.01$，** $p<0.05$，* $p<0.1$，所有的回归以省水平进行了聚类。

来自 CGSS2006 年的估计结果，使用有序 Probit 估计。

表 C2　　稳健性检验回归结果

VARIABLES	(1)	(2)	(3)	(4)
妻子挣得更多	-0.125* (0.0697)	-0.140** (0.0654)		
妻子收入比例			-0.370 (0.259)	-0.558* (0.331)
年龄	-0.00975 (0.0277)	-0.0101 (0.0270)	-0.00972 (0.0277)	-0.0103 (0.0272)
年龄的平方	0.00864 (0.0347)	0.00897 (0.0340)	0.00869 (0.0349)	0.00927 (0.0345)
配偶年龄	-0.0317 (0.0252)	-0.0313 (0.0249)	-0.0316 (0.0249)	-0.0309 (0.0246)
配偶年龄的平方	0.0255 (0.0264)	0.0250 (0.0261)	0.0252 (0.0262)	0.0243 (0.0259)
结婚持续时间	0.0126 (0.00844)	0.0127 (0.00847)	0.0126 (0.00840)	0.0128 (0.00844)
自己收入	0.0225 (0.0217)	0.0148 (0.0302)	0.0385 (0.0317)	0.0391 (0.0381)
配偶收入	-0.00525 (0.0124)	-0.00250 (0.0197)	-0.0180 (0.0162)	-0.0151 (0.0187)
家庭收入	0.0749* (0.0392)	0.0646 (0.0489)	0.0717* (0.0400)	0.0603 (0.0488)
自己健康	0.0507 (0.0376)	0.0501 (0.0378)	0.0515 (0.0380)	0.0512 (0.0382)
配偶健康	0.114*** (0.0404)	0.114*** (0.0402)	0.115*** (0.0408)	0.116*** (0.0405)
男性	-0.0380 (0.0843)	-0.0368 (0.0848)	-0.0417 (0.0848)	-0.0414 (0.0849)
儿子个数	-0.0190 (0.0344)	-0.0186 (0.0342)	-0.0191 (0.0343)	-0.0182 (0.0342)

续表

VARIABLES	(1)	(2)	(3)	(4)
女儿个数	-0.0284 (0.0340)	-0.0282 (0.0333)	-0.0285 (0.0339)	-0.0292 (0.0334)
自己工作	-0.0698 (0.0463)	-0.0694 (0.0455)	-0.0707 (0.0459)	-0.0714 (0.0451)
配偶工作	0.127 (0.0870)	0.128 (0.0871)	0.125 (0.0873)	0.125 (0.0871)
农村样本	0.0884 (0.132)	0.0903 (0.133)	0.0894 (0.132)	0.0949 (0.134)
丈夫工资分位数	0.131 (0.0943)	0.135 (0.0982)	0.140 (0.0952)	0.138 (0.0975)
妻子工资分位数		0.107 (0.230)		0.168 (0.252)
Observations	2 170	2 170	2 170	2 170

注：括号内标准误：*** $p<0.01$，** $p<0.05$，* $p<0.1$，所有的回归以省水平进行了聚类。

D. 性别身份认同、家务劳动与主观幸福感

表 D1　　家务时间对主观幸福感影响机制

VARIABLES	家务时间对主观幸福感的影响		对对方家务满意度		中介作用检验	
	女性	男性	女性	男性	女性	男性
家务时间	-0.0373** (0.0167)	-0.0223 (0.0216)	-0.0486* (0.0254)	-0.145*** (0.0359)	-0.0559** (0.0271)	-0.0227 (0.0410)
配偶家务时间	0.00514 (0.0209)	0.00808 (0.0165)	0.296*** (0.0416)	0.145*** (0.0401)	-0.0329 (0.0378)	0.00565 (0.0300)
家务满意度					0.336*** (0.0402)	0.376*** (0.0522)

续表

VARIABLES	家务时间对主观幸福感的影响		对对方家务满意度		中介作用检验	
	女性	男性	女性	男性	女性	男性
年龄	-0.136***	-0.0694*	-0.119**	-0.0267	-0.202***	-0.111**
	(0.0406)	(0.0375)	(0.0595)	(0.0774)	(0.0705)	(0.0457)
年龄平方	0.151***	0.0616	0.153**	0.0347	0.222***	0.0950
	(0.0531)	(0.0455)	(0.0712)	(0.0926)	(0.0846)	(0.0622)
配偶年龄	0.0914**	0.0254	0.0413	0.00806	0.125**	0.0387
	(0.0378)	(0.0393)	(0.0605)	(0.0956)	(0.0589)	(0.0595)
配偶年龄平方	-0.000978**	-0.000257	-0.000305	4.18e-05	-0.00135**	-0.000390
	(0.000468)	(0.000509)	(0.000690)	(0.00120)	(0.000653)	(0.000816)
每周工作时间	0.000291	0.00171	0.000167	-0.00334	0.000580	0.00320
	(0.00135)	(0.00136)	(0.00207)	(0.00218)	(0.00195)	(0.00327)
配偶每周工作时间	0.000416	0.000592	-0.00502*	-0.00213	0.00129	0.000774
	(0.00134)	(0.00125)	(0.00279)	(0.00250)	(0.00252)	(0.00208)
收入对数	0.00453	0.00251	0.0329	0.0250	0.00374	-0.00375
	(0.00866)	(0.0157)	(0.0201)	(0.0323)	(0.0107)	(0.0409)
配偶收入的对数	-0.00689	-0.0155*	0.0432**	-0.0262	-0.0156	-0.0212*
	(0.0159)	(0.00827)	(0.0173)	(0.0191)	(0.0279)	(0.0124)
家庭收入的对数	0.00881	-0.0559	-0.0916	-0.177	0.0318	-0.0737
	(0.0410)	(0.0377)	(0.0688)	(0.111)	(0.0633)	(0.0581)
对方经济贡献满意度	0.417***	0.326***	0.918***	1.411***	0.602***	0.398***
	(0.0295)	(0.0281)	(0.0633)	(0.0706)	(0.0567)	(0.0622)
本地收入	0.00284**	0.00366	0.000735	0.00582	0.00464**	0.00616
	(0.00125)	(0.00499)	(0.00235)	(0.0123)	(0.00183)	(0.00795)
地位	0.140***	0.134***	0.132***	0.150***	0.230***	0.203***
	(0.0259)	(0.0323)	(0.0435)	(0.0466)	(0.0363)	(0.0563)

续表

VARIABLES	家务时间对主观幸福感的影响		对对方家务满意度		中介作用检验	
	女性	男性	女性	男性	女性	男性
自己健康状况	0.0162 (0.0306)	0.0911*** (0.0317)	-0.115** (0.0467)	0.106 (0.0673)	0.0516 (0.0361)	0.152*** (0.0566)
家庭健康状况	0.0575* (0.0315)	-0.0449 (0.0308)	0.0518 (0.0425)	0.0631 (0.0542)	0.0848* (0.0489)	-0.0818 (0.0526)
教育程度	控制	控制	控制	控制	控制	控制
省份	控制	控制	控制	控制	控制	控制
Observations	2 328	2 324	2 328	2 324	2 328	2 324

注：括号内标准误：*** $p<0.01$，** $p<0.05$，* $p<0.1$，所有的回归以省水平进行了聚类。

致　谢

时光飞逝！眨眼间博士生涯就要告一段落。回首5年半的博士生活，有汗水有收获也有些许遗憾，但是内心更多的是感谢。

首先，我要感谢我的父母亲，谢谢你们的养育之恩。犹记我小时候母亲为我种下的那株西红柿，时光匆匆，我已至而立之年，而您已华发满头；更难忘父亲在灯下教我四则运算的情形，转眼间20多年过去，您的脸上也布满皱纹。儿子始终不曾忘记双亲的教诲，老老实实做人，踏踏实实做事。在这里我祝您们身体健康！

其次，我要感谢我的爷爷、奶奶、外公和外婆，谢谢您们对我的爱。特别遗憾的是，爷爷和外公已经去世，无法看到我穿博士服的样子，相信他们在天上也会为我感到高兴。

还要感谢我的导师常进雄教授。谢谢您对我学业和生活上的关心，您的诚恳、善良以及待人接物的态度，都是我学习的楷模。同时，还要感谢所有教过我的老师，谢谢您们的循循善诱，感谢陈庆池老师、杨有智老师、周亚虹老师、李哲老师、黄晓东老师、田国强老师、朱东民老师、罗佩瑜老师、金煜老师、冯帅章老师、张思思老师、麦皓岚老师、白金辉老师、Rusell Cooper教授、Otrok教授。同时，还要感谢杨乐老师和闫欢老师。

5年半的时光，感谢同学们的陪伴，大家一起学习，共同进步。谢谢杨飞、杨谱、郝亮、陈嵩箐、袁超文、焦振华、黄忱、莫旋、唐成千、黄超、赵方、朱鹏扬、肖琪敏、蒋芝山、蔡民强，谢谢你们一路通行。还要感谢王仕进、徐骥、肖雨、石崇，一起学术、一起打篮球、一起撸串的日子，真的很快乐。感谢曾雄配、王宝珠、文永恒、赵伟师兄、陈杰师兄、宋双杰师兄，感谢信瑶瑶、朱帆，还有经院的许许多多师兄师姐和师弟师妹们。

感谢在我生命中所有给予我帮助的人，路途虽然艰辛，但是始终勇往直前。希望我始终“Think big，Think long”。

作者

2017年12月于上海财经大学图书馆